AF367424

Pablo Muzás Ergüín

www.inspirakids.com

INSPIRANDO A ESOS LOCOS BAJITOS

El Método OREOH: cómo fomentar niños optimistas y emprendedores, que saben lo que quieren y cómo lograrlo

1.ª Edición

ISBN papel: 978-84-686-5288-7

ISBN digital: 978-84-686-5289-4

Impreso en España

Editado por Bubok Publishing S.L.

ÍNDICE

Descubriendo el Método OREOH

Cuando somos niños somos un mundo de posibilidades. Creativos, alegres, optimistas, sociables y atrevidos. Con talento innato en diversas facetas, tan solo necesitamos refuerzo y estímulos en nuestros puntos fuertes para dar rienda suelta a un futuro pleno de luz.

El primer reto al que nos enfrentamos los padres y educadores es decidir cuál es el objetivo principal que perseguimos en la educación de nuestros hijos. Personalmente, me apunto al que propone la Madre Montserrat del Pozo: *hay que inculcar en los niños la seguridad de que ellos pueden cambiar el mundo.*

Cada vez con más ahínco pedimos al sistema educativo que se reinvente, pero nos preguntamos poco sobre si nosotros como padres también deberíamos reinventarnos. Si bien lo que se enseña en los colegios tiene una trascendental repercusión en la base de conocimientos del niño, lo que los padres transmitimos a nuestros hijos a través de lo que decimos y, aún más, con el ejemplo que les damos repercutirá decisivamente en su futuro.

Lo aprendido durante los primeros años de vida marcará definitivamente su carácter y representará un bagaje fundamental para cuando tengan que enfrentarse a etapas posteriores en su trayectoria personal.

Este bagaje no sólo se compone de conocimientos, sino también de competencias emocionales, relacionales y aptitudes innovadoras y emprendedoras que serán fundamentales para que el niño pueda adaptarse con éxito a un entorno complejo, diverso y cambiante.

Las escuelas de negocio lo descubrieron hace muchos años. Enseñar habilidades emocionales y poner de moda términos como liderazgo, resiliencia, innovación, *networking* o disrupción no es más que reconocer que la educación no sólo pasa por llenar el cubo de los conocimientos sino también por ayudar al alumno a gestionar sus emociones, motivándole e inspirándole para que desarrolle sus propios proyectos, innove y emprenda.

Si queremos cambiar nuestra sociedad, tenemos que hacerlo a través de los más pequeños, esa inagotable fuente de talento que es la semilla de mayor potencial para nuestros éxitos colectivos. Una vía lenta pero eficaz, que requiere nuestro compromiso a largo plazo, quizá la única posible. Como tan certeramente lo describe Nelson Mandela, *la educación es el arma más poderosa para cambiar el mundo* y nuestra responsabilidad en este cambio la debemos ejercer cada día en nuestras propias casas.

Nos quejamos a menudo de vivir en un mundo decepcionante, en una sociedad incapaz de satisfacer nuestras expectativas y de evolucionar como a nosotros nos gustaría.

Lo creas o no, todos los días se suceden a nuestro alrededor multitud de pequeñas cosas dignas de disfrute y celebración que posiblemente ni vemos, centrados en el repaso recurrente de nuestros miedos y frustraciones.

Desperdiciamos enormes caudales de energía en lamentarnos de todo aquello que no hemos logrado, en procesar lo que nos falta e interiorizar lo que nos atemoriza sobre el futuro, desaprovechando las mil y una oportunidades que sobrevuelan a nuestro alrededor en el presente.

A medida que crecemos tendemos a abandonar aquellas actividades que nos hacen vibrar, aquello en lo que somos más brillantes, aquello que despierta nuestra pasión, *nuestro elemento* como lo denomina el educador, escritor y conferenciante británico Sir Ken Robinson.

Si bien no es fácil sustraerse a esta "exuberancia irracional" (célebre terminología utilizada por *Alan Greenspan, ex presidente de la Reserva Federal americana refiriéndose a los mercados financieros*) de las emociones, sí es cierto que según va pasando el tiempo comenzamos a vislumbrar claramente la importancia de saber protegernos ante los peligros de nuestros propios pensamientos internos, ante la tiranía de nuestras emociones, ante el lastre del pesimismo perpetuo y de los miedos internos que nos atenazan.

Asistimos felizmente en los últimos años a una proliferación de mensajes de sensibilización sobre lo esencial de la inteligencia emocional colectiva y a la creciente moda de los libros de motivación y autoafirmación, de las clases de yoga o pilates como vías de relajación personal o del coaching para la mejora personal. Los medios de comunicación, en una trascendental función divulgativa, nos transmiten cada día la importancia del optimismo colectivo, de la superación personal, del espíritu de lucha o del emprendimiento y la innovación. Redes sociales como Twitter o Facebook nos permiten apuntarnos directamente a esta suerte de empuje colectivo hacia una visión más optimista y dinámica de la vida. Aunque es magnífico descubrir que el manejo de las emociones es clave para nuestra propia supervivencia personal, generalmente solemos hacerlo cuando ya es un poco tarde.

Tenemos en nuestras manos la posibilidad de dotar a nuestros hijos de herramientas fundamentales para su desarrollo, en el momento óptimo para que puedan serles útiles tanto ahora como en el futuro. Mientras la forma clásica de educar ha concentrado sus esfuerzos en las capacidades intelectuales de nuestros hijos, en InspiraKIDS nos hemos propuesto contribuir a formar niños superdotados emocionalmente. Niños autónomos y adaptables al entorno, que desarrollan su talento disfrutando de sus hobbies y con espíritu de innovación y emprendimiento.

Seguro que muchas veces te has parado a pensar cuáles son en definitiva las cosas importantes para el éxito en la vida. A medida que crecemos, nos damos cuenta de que el éxito es la consecuencia de una serie de factores bastante más sencillos de lo que pensábamos y que nos hubiera gustado poder aplicar mucho antes.

¿Consideras que tu éxito personal puede estar relacionado con el hecho de rodearte de la gente adecuada? Por tanto, tu habilidad para establecer y mantener relaciones sociales satisfactorias a largo plazo es un factor crítico de éxito.

¿Crees que es importante para el éxito hacerle sentir bien a la gente con la que interactúas? Recuerda que los que te rodean te recordarán no tanto por lo que les dijiste, ni por lo que les hiciste, sino sobre todo por cómo les hiciste sentir. Esto tiene mucho que ver con la empatía.

¿Estás convencido de la importancia de ver la parte positiva de las cosas, de la perseverancia, la superación, la resistencia al fracaso, la determinación o tu fuerza para levantarte de tus caídas?

Y ¿qué es en definitiva el éxito? ¿No es acaso poder rodearte de la gente que quieres y poder dedicar tu tiempo a aquello que te apasiona?

Piensa en tu trayectoria profesional. Después de tantos años de trabajo uno echa la vista atrás y se da cuenta de que quizá no todo dependía de unas capacidades técnicas extraordinarias o de unos conocimientos específicos fuera de lo normal. ¿Radica ahí la clave para el éxito profesional o influyen características "más pedestres" como la manera de comportarte con tus jefes, tu capacidad para empatizar con los clientes o la habilidad para relacionarte con tus compañeros? ¿Son aspectos clave tu autonomía para encontrar soluciones, tu empuje para innovar y ser creativo o tu liderazgo para inspirar a los que te rodean? ¿Es acaso importante la capacidad para soportar la presión o tu aplomo para gestionar la incertidumbre?

Si estamos de acuerdo con estos argumentos coincidiremos en que una parte sustancial de la esperanza de éxito en la vida se sustenta sobre estas pequeñas cosas, tan sencillas como fundamentales, que estamos en la obligación de enseñarles a nuestros hijos.

Tenemos en nuestras manos una inmejorable oportunidad para aprender de nuestros errores y dar respuesta a la obligación moral de dotar a nuestros hijos de estas herramientas claves para su desarrollo futuro: el autocontrol, el manejo de sus emociones, la capacidad para relacionarse con los demás o la actitud creativa y emprendedora.

Nosotros lo hemos resumido en una sola palabra, OREOH, acrónimo de "estas pequeñas cosas importantes":

- El **Optimismo**: enfoque positivo en la vida, motivación y metas claras

- La importancia de las **redes de Relaciones**

- El **Esfuerzo y** la superación como condiciones necesarias para el éxito

- La búsqueda de **Otros caminos para el desarrollo** personal y profesional: superar barreras culturales, geográficas y mentales. Desarrollar la creatividad, la innovación y el emprendimiento.

- Los **Hobbies** como herramienta para el desarrollo del talento.

En el curso del Método OREOH que ofrecemos a colegios y grupos aportamos nuestro grano de arena en la necesidad de incorporar en la educación básica de los niños competencias de gran importancia para la vida como la inteligencia emocional o el carácter emprendedor. Nos hemos esforzado en hacerlo de la manera más didáctica, divertida y persuasiva.

Formar niños dinámicos y emprendedores, que saben lo que quieren y cómo lograrlo, es la misión principal que me gustaría compartir contigo en este libro.

El Optimismo como posicionamiento vital

Livia, una buena amiga mía, me comentaba el otro día: "Desde que me contaste lo bueno que había sido el concierto de Jamie Cullum, no paro de verlo y escucharlo allá donde voy". Y esto sucede no porque mi admirado Jamie Cullum sea ahora más visible, sino porque la atención de Livia tiene ahora un hueco para Jamie Cullum.

Lo mismo ocurre cuando las embarazadas ven durante su proceso de gestación más embarazadas que nunca. O cuando nos gusta un tipo de coche y no paramos de verlo circular con mayor frecuencia.

Cuando el genial Emilio Duró, uno de los precursores de la evangelización sobre la importancia del optimismo aplicado a las organizaciones empresariales, nos explicaba este hecho tan simple como apasionante, me hizo redescubrir la importancia de fijar nuestra atención en los aspectos positivos que ocurren a nuestro alrededor.

Ten mucho cuidado de cómo focalizas tu atención. De tu enfoque depende en gran medida tu felicidad y tu productividad en los estudios o el trabajo.

Si desperdicias tu atención en rememorar los problemas o frustraciones del pasado o en planificar las preocupaciones del futuro, tu percepción de la realidad será mucho más negativa que si te centras en disfrutar del presente y en aprovechar las oportunidades que sobrevuelan a tu alrededor.

Como decía el filósofo Michel de Montaigne, ensayista francés del siglo XVI: "Mi vida ha estado llena de terribles desgracias, la mayoría de las cuales nunca sucedieron".

Nuestra atención, que sufre constantemente los ataques de los pensamientos negativos, recibe además en la era moderna una oleada de impactos adicionales causados principalmente por la tecnología. Teléfonos, emails, mensajes instantáneos, televisión, vídeo-juegos nos obstaculizan minuto a minuto para poder centrar la atención en aquello que realmente nos hace disfrutar, o en lo que nos permite desarrollarnos intelectualmente.

Dejándonos llevar por su persuasivo influjo, corremos el peligro de convertirnos en una suerte de zombis que dilapidan su tiempo más preciado, inmersos en un involuntario marasmo bajo la sensación de estar tremendamente ocupados.

Así las cosas, nos olvidamos de oler la taza de café, de saborear nuestra comida favorita, de observar las bellezas de la naturaleza, de disfrutar de una buena lectura o de los placeres de una agradable conversación.

Uno de los precursores de la inteligencia emocional aplicada a los niños, Lawrence A. Shapiro, define muy acertadamente que "el optimista cree que los acontecimientos positivos y felices se explican a través de cosas que son *permanentes, que* seguirán ocurriendo en el tiempo, y *generalizadas, que* seguirán ocurriendo en diferentes situaciones. El optimista también asume la responsabilidad adecuada para lograr que las cosas buenas sucedan".

La percepción sobre la importancia del optimismo para la vida no es en realidad nada nuevo. José Carlos Díez, uno de los economistas con más éxito en popularizar los entresijos de la economía en los últimos tiempos, rescata en su libro *Hay vida después de la crisis* una inconmensurable cita del célebre historiador griego Heródoto: "tu estado de ánimo será tu destino".

Si estamos de acuerdo en la importancia del optimismo para el éxito personal y profesional, estaremos también de acuerdo en nuestra obligación moral de transmitir este conocimiento a nuestros hijos desde pequeños.

Lo que ha sido campo de estudio científico para prestigiosos psicólogos como Shapiro o Daniel Goleman, que han hecho del estudio de la inteligencia emocional el eje de su actividad, es ya a día de hoy una realidad incuestionable. Y es que, como explica Shapiro en su libro "La Inteligencia Emocional de los niños", un coeficiente emocional elevado es por lo menos tan importante como tener un alto cociente intelectual.

Un estudio tras otro demuestra que los niños con capacidades en el campo de la inteligencia emocional son más felices, más confiados y tienen más éxito en la escuela.

Igualmente importante es el hecho de que estas capacidades se convierten en la base para que nuestros hijos se vuelvan adultos responsables, atentos y productivos.

En este mismo libro, una de nuestras referencias teóricas fundamentales para poner en marcha el Método OREOH, se hace hincapié en cómo las mismas capacidades emocionales que dan como resultado que un niño sea considerado como un estudiante entusiasta por su maestra en la escuela o sea apreciado por sus amigos en el patio de recreo, también le ayudarán dentro de veinte años en su trabajo o matrimonio.

Y es que los adultos no parecen ser muy diferentes de aquellos niños que fueron alguna vez. Para Daniel Goleman, las capacidades emocionales que los niños adquieren en años posteriores se construyen sobre lo que aprendieron en esos primeros años y son la base esencial de todo aprendizaje.

En el Método OREOH dedicamos nuestra fase de despegue de este apasionante viaje por la inteligencia emocional en los niños a la importancia del optimismo; y comenzamos con el sencillo ejemplo del vaso medio lleno o medio vacío, que en realidad está lleno en su totalidad, bien sea de agua o bien sea de aire. Un sencillo ejemplo que ilustra lo ligado que está el optimismo a cómo queramos ver las cosas desde nuestra propia óptica. La realidad como tal no existe, es sólo el conjunto de acontecimientos sobre los que fijamos nuestra atención.

Teniendo tan solo esto meridianamente claro, el niño puede cambiar su percepción sobre prácticamente todo lo que le ocurre. Percibir el colegio como una oportunidad para el aprendizaje y las relaciones con sus compañeros, para llenar la mochila de los conocimientos. Disfrutar de sus tiempos de ocio y sustituir el clásico "me aburro" por tengo una oportunidad para hacer lo que me apetece o sencillamente para relajarme.

Todo depende de la óptica con la que miremos los acontecimientos para que cambie nuestra percepción del mundo.

Pretender que nuestro hijo o hija sea optimista pasa por predicar con el ejemplo. La mejor manera de educar a un niño es la de ser ejemplar, proyectando las actitudes que queremos que emule. De nada serviría pretender convencerles de las bondades de ser positivo si en nuestra actitud cotidiana ante la vida no adoptamos el optimismo que queremos ver en nuestros hijos.

El optimismo es, además de enormemente importante, esencialmente contagioso. El entusiasmo de un líder se contagia a los demás, de igual manera que la negatividad de un pesimista se propaga a su alrededor.

A todos nos encanta estar rodeados de gente alegre, de la gente que cree en sí misma y afronta sus retos con ilusión. A todos nos alegra la vida una sonrisa. Hasta el profesor mirará con mejores ojos a tu hijo o hija si éste ve siempre la cara alegre de las cosas y le hace la vida más agradable, lo que por simple que parezca se traducirá con toda probabilidad en un mejor expediente académico. Lo mismo ocurrirá, si cabe con más contundencia, durante la etapa profesional a lo largo de la relación empleado-jefe.

Las emociones, además de primar muy frecuentemente sobre la vertiente racional de la mente, son enormemente contagiosas. Uno de los consejos más efectivos que podemos dar a nuestros hijos es el de evitar a los niños negativos. En nuestro curso ilustramos al pesimista como un erizo, animal de apariencia inofensiva pero al que si te abrazas te llenas de pinchos.

Para ello nos servimos de una divertida ilustración de Kukuxumusu, la genial factoría de dibujos que desde un principio colaboró para que pudiéramos ilustrar más eficazmente nuestro empeño de transmitir la inteligencia emocional y fortalecer el carácter emprendedor en los niños.

El erizo, tal y como lo denominamos en el Método OREOH, es aquel individuo plenamente orientado al negativismo, al que sencillamente procede evitar. Aquél que se centra en todo lo negativo que sobrevuela a su alrededor. Aquél que cuando viaja aborrece el avión, el hotel y advierte con especial tino todas las carencias del lugar elegido. Aquél que se esfuerza en sacar lo peor de ti y en destacar todas tus debilidades, en absorberte toda la energía positiva.

La recomendación para nuestros hijos consiste en que identifiquen a los erizos y, sin dilación alguna, se autoimpongan una orden de alejamiento no inferior a los 10 metros. Nuestros hijos e hijas nos agradecerán este sencillo consejo mientras vivan.

Y recuerda evitar a toda costa comportarte en tu día a día como una versión parental del erizo. Educamos no sólo con lo que decimos, sino principalmente con lo que hacemos.

Si siempre que tienes algo que hacer piensas que te va a salir bien, sin darte cuenta, tienes muchas más posibilidades de que así sea. Tienes que verte haciéndolo.

IMAGÍNATE LOGRANDO COSAS BUENAS

Imagina que has vuelto a ser niño. Imagínate levantando los brazos tras recibir una buena nota, imagínate paseando de la mano del chico o chica que te guste, imagínate triunfando en el trabajo que te guste. Lo creas o no, es mucho más posible que al final se cumpla.

Todo esto tiene en realidad una explicación tan sencilla como científica, relacionada con la gestión de los pensamientos, ese difícil diálogo interno que explica nuestra psicóloga Alicia López-Covarrubias en los vídeos del Método OREOH, y que es fundamental para el adecuado manejo de nuestras emociones.

Imagina las emociones corriendo detrás de los pensamientos. Cuando tenemos un pensamiento negativo, como por ejemplo "no soy capaz", a ese pensamiento inmediatamente le perseguiría la emoción negativa del miedo.

A los pensamientos más pesimistas les persiguen siempre las emociones como el miedo, la tristeza, el desánimo,…

Finalmente las emociones condicionan la acción, que en este ejemplo probablemente será con toda probabilidad defensiva, como la acción de esconderse. Las emociones influirán también decisivamente en nuestras respuestas y estado corporal.

En realidad, con los pensamientos comienza todo. Cada vez que te sientes mal (triste, nervioso, asustado, apático, rabioso…) es señal de que, sin darnos cuenta, hemos empezado a pensar en algo negativo. Estás teniendo pensamientos que te están llevando a sentirte así, triste, apagado, desanimado, enfadado….

Estos pensamientos negativos llevan a las emociones y las emociones a la acción, haciendo que no nos apetezca perseverar y que finalmente tiremos la toalla y nos rindamos.

Desde que en 1990 Peter Salovey y John D. Mayer incubaron el término Inteligencia Emocional, son ya innumerables los estudios neuro-científicos que refrendan que el cerebro humano funciona como una constante pugna entre la parte emocional, cuyo centro de control reside en la amígdala, y la parte racional que tiene su residencia en el neocórtex.

Sobre esta suerte de diálogo interno permanente entre la parte emocional y la parte racional del cerebro, el neuro-científico Joseph LeDoux incluso identifica momentos en que las emociones mandan directamente sobre la razón. Este hecho se produce debido a un conducto que une el tálamo y la amígdala, por el que se envían directamente a la zona emocional las sensaciones procedentes de los ojos y el oído.

Para Joseph LeDoux, la emoción pesa incluso más que la razón, debido a que existen muchas más fibras nerviosas que van de la amígdala al neocórtex que en sentido contrario.

Las personas con pensamientos positivos se sienten mejor que aquellas con ideas más negativas. Y no sólo eso. La emoción de sentirse mejor hace que las acciones estén mejor llevadas, lo que finalmente se traduce en un mejor rendimiento en cualquier desempeño que aborden.

¿Y cómo podemos gestionar los pensamientos negativos?

Lo primero que tendríamos que hacer es identificarlos, ya que llegan sin darnos cuenta. Por ejemplo, aquí está el clásico pensamiento negativo de cada día:

> *no soy capaz, es súper difícil, voy a suspender, a mí no se me da bien, se van a reír de mí, etc.*

El segundo paso consistiría en evaluar su probabilidad. ¿Es verdad lo que dicen nuestros pensamientos?

> *¿Es verdad que nunca voy a aprobar este examen? Suspendí la última vez, pero esta vez he estudiado más…estoy más tranquilo…más seguro de mí mismo… soy tan capaz como los demás… si me esfuerzo, lo saco… la otra vez casi no me esforcé… cuando me lo propongo suelo lograrlo…. pensarán que soy capaz de expresarme*

Posiblemente a estas alturas ya empezaremos a sentirnos más tranquilos, pero falta el tercer paso: convertir los pensamientos negativos en positivos:

> *Voy a hacerlo lo mejor que sepa, voy a estudiar lo que me dé tiempo, seguro que me sale bien, puedo aprender de mis equivocaciones, soy capaz, voy a lograrlo…*

Ayudar a tus hijos a reforzar sus habilidades emocionales les permitirá, como describe Lawrence A. Shapiro, "modificar la bioquímica de sus emociones, ayudándoles a adaptarse mejor, a mantener un mayor control y a ser simplemente más felices".

Uno de los aspectos más sorprendentes y favorables de la puesta en práctica del optimismo vital es que su ejercicio puede provocar que el carácter de una persona cambie literalmente a lo largo del tiempo. Frente a la mayor rigidez del cociente intelectual, que también puede progresar lentamente según cómo ejercitemos la mente, el de inteligencia emocional no lleva una carga genética tan marcada y puede evolucionar extraordinariamente a medida que lo vamos ejercitando.

El sistema educativo imperante concentra a menudo los esfuerzos en el aprendizaje del máximo número de conocimientos, obviando otras competencias fundamentales para la vida. Una de estas grandes olvidadas es, sin lugar a dudas, la imaginación. Origen del diseño, la creatividad o la innovación, la imaginación merece un lugar destacado en las fases iniciales del proceso educativo del niño y, por contra, se encuentra dentro de las características personales que tendemos a restringir o, lo que es aún peor, a ridiculizar.

A buen seguro nos hemos encontrado a un niño creativo e imaginativo al que inconscientemente lo hemos tachado de fantasioso y disperso, en lugar de ayudarle a canalizar ese caudal imaginativo hacia ámbitos de desarrollo creativo.

Albert Einstein fue un físico alemán mundialmente conocido por ser el creador de la Teoría de la Relatividad. Einstein, considerado como el científico más importante del siglo xx y premio Nobel de Física, usaba las técnicas de visualización para llegar a sus teorías. No en vano, para dar forma a la Teoría de la Relatividad se sentaba en una silla y se imaginaba cómo visualizaría el mundo si cabalgara sobre él montado en un haz de luz. Por eso Einstein decía, en una de sus frases más ilustres, que "la imaginación es mucho más importante que el conocimiento".

En el Método OREOH nos gusta combinar el optimismo con la imaginación, aplicando técnicas como la visualización, que ya se utilizan con gran éxito en la psicología deportiva. Nosotros te proponemos que le enseñes a tus hijos a practicar la visualización, a imaginarse logrando sus retos. Existen múltiples anécdotas de deportistas de élite recurriendo a la visualización para alcanzar las mayores cotas de éxito.

Uno de nuestros ejemplos favoritos es el de Severiano Ballesteros. Este cántabro de origen sencillo fue capaz de destacar en un deporte, el golf, cuya élite estaba reservada para deportistas de origen anglosajón.

Creado en el Reino Unido, el deporte del golf estaba siendo dominado por los norteamericanos hasta que irrumpió en el campo la fuerza y creatividad de este joven cántabro labrado a base de esfuerzo y práctica desde sus orígenes como caddy en el Real Golf de Pedreña. Severiano, que no tenía fácil acceso al campo de golf, entrenaba a menudo en la playa, colándose en el recinto en la oscuridad de la noche para poder experimentar sus golpes sobre *greens* reales.

Con tan solo 19 años, Severiano Ballesteros irrumpió en la élite con victorias en el Open de Holanda, en el Trofeo Lancome y en la Copa del Mundo por equipos en California. Con apenas 22 años logró algo que parecía inimaginable: triunfar en el mítico Open Británico convirtiéndose en el ganador más joven del siglo.

Un año después, en 1980, deslumbró en el torneo más laureado, el Masters de Augusta (USA), convirtiéndose en el segundo extranjero y en el primer europeo que se enfundaba la chaqueta verde. Y no lo hizo de cualquier manera; a falta de 9 hoyos, llevaba 10 golpes de ventaja al segundo, consiguiendo 23 birdies y un eagle.

Cuando le preguntaron en qué pensaba el día antes de ganar el Masters de Augusta, respondió que se imaginaba ya con todo lujo de detalles embocando en cada hoyo, ganando el torneo y levantando la Copa.

Con pensamientos positivos no sólo será más fácil esforzarnos en aquello que queremos conseguir. Tendremos más motivación para intentarlo tantas veces como sea necesario, sin desanimarnos. Y visualizando nuestros éxitos tendremos muchas más posibilidades de que estos ocurran.

¿Sabías que si separáramos un equipo de baloncesto en 2 grupos, uno que entrena tiros libres una semana durante 15 minutos al día y otro que está el mismo tiempo imaginando meter tiros libres en su mente es muy posible que este segundo grupo metiera finalmente más canastas?

Otra de las lecciones clave que queremos transmitirte en este primer capítulo es la importancia de saber sobreponerse al fracaso. Lo expresaba brillantemente Pat Riley, legendario entrenador del equipo de la NBA Los Ángeles Lakers y actual presidente de Miami Heat, con esta frase: "No puedes elegir el modo de perder, pero sí puedes elegir cómo recuperarte para ganar la próxima vez".

Por muy optimista que seas, ¡no siempre creas que las cosas van a salir bien a la primera! Tendrás que fallar muchas veces para llegar a la meta. Pero convéncete. Al final lo conseguirás. Levántate de tus caídas y sigue con más fuerza que nunca. No pierdas de vista los objetivos iniciales y las ilusiones con las que empezaste. Como decía Severiano Ballesteros: "Se llega a ser un número uno poco a poco, golpe a golpe, y con la idea del logro a conseguir siempre presente"

Para un niño, el primer fracaso suele suponer un hito especialmente traumático. ¿Quién no recuerda su primer gran fracaso? La primera gran decepción de los padres, la primera reprimenda seria de un profesor, aquella final perdida, aquel chico o chica que te ignoró o dejó…Otras veces, estas primeras experiencias traumáticas no proceden de un fracaso propio sino de un acontecimiento inesperado como la enfermedad o fallecimiento de un familiar.

Lamentablemente, el hecho de ser optimista no le exime a uno de tener que afrontar las distintas situaciones a las que te va enfrentando la vida.

De hecho, aprender a sobrellevar y superar la dificultad es ya muy importante desde edades tempranas y resulta imprescindible a medida que pasan los años. Es lo que viene a llamarse resiliencia, la capacidad humana de asumir con flexibilidad situaciones límite y sobreponerse a ellas.

Pero lo que sí podemos hacer por nuestro hijo o hija es ayudarle a tener perfectamente interiorizado que el fracaso es parte de la vida y que el secreto está en cómo te levantas, en cómo te superas a ti mismo para recuperar la senda del éxito.

Muchos de los que ahora somos padres, posiblemente sin darnos cuenta, hemos sido educados en una cultura en la que el fracaso se ha considerado un tabú, algo que hay que evitar a toda costa y que da paso a todo tipo de estigmatizaciones personales, sociales y profesionales.

¿Cuántas veces hemos oído a nuestro alrededor frases tan lacerantes como "no sirves para nada", "así no llegarás a ninguna parte" o "no tendrás ningún futuro"?

Frente a esta cultura negativista del fracaso, que sólo conduce a la frustración y a la pérdida de autoconfianza, tenemos que dar paso a un nuevo contexto en el que el fracaso sea aceptado y se considere un acontecimiento previsible y necesario que representa una oportunidad para aprender de nuestros errores, para renovar nuestra manera de actuar y para motivarnos aún más en el logro de nuestros objetivos.

Cuando nuestro fracaso proceda de la derrota frente a un adversario, por ejemplo en la práctica de cualquier actividad deportiva, en lugar de perder energía enfocando hacia él nuestra ira, dediquemos nuestra atención a aprender qué es lo que ha hecho bien para poder derrotarnos. Habremos convertido una frustración personal en una oportunidad de mejora.

Para lograr este cambio en el subconsciente colectivo de convertir el fracaso en algo aceptado, tolerado, incluso conveniente para la madurez y motivación personal debemos empezar por nosotros mismos.

Comencemos a abordar nuestros propios fracasos y los de los que nos rodean con mayor tolerancia y deportividad y fomentemos en nuestros hijos la cultura de la experimentación, la autonomía personal y el aprendizaje de los errores como parte imprescindible del camino hacia el éxito.

Un referente ineludible para ilustrar la actitud deseable frente al fracaso es el de J.K. Rowling, autora de la saga de Harry Potter. Ya desde los 5 años, J.K. Rowling había escrito su primera historia, a la que titularía Rabbit. Una afición por las letras que no abandonaría ya a lo largo de su azarosa y posteriormente exitosa trayectoria vital.

En 1995, cumplidos los 35 años y durante una larga espera en una estación de tren, le vino a la cabeza una historia de un niño que estudiaba en una escuela para magos.

Cinco años después, en los que la escritora pasó momentos muy difíciles, envió el libro a 12 editoriales para que se la publicaran. A ninguna le gustó. Sólo 6 años después de venirle la idea de Harry Potter a la cabeza una empresa editorial llamada Bloomsbury decidió publicar el que después sería uno de los mayores éxitos de la historia de los libros, no sin antes advertirle que no se trataba de un libro especialmente comercial y recomendándole que se buscara otro trabajo.

En el transcurso de este largo período, J.K. Rowling estuvo sometida a una más que comprometida situación económica, recurriendo a las ayudas sociales para poder sobrevivir tanto ella como su pequeña hija.

Pese a esta situación de acuciante necesidad, J.K. Rowling centraba toda la energía que le quedaba en acudir a un café de Edimburgo, donde daba forma a su libro de Harry Potter.

El discurso que J.K. Rowling ofreció a los graduados de la Universidad de Harvard en Junio de 2008, puede considerarse una de las referencias imprescindibles sobre cómo abordar el fracaso, lo que en realidad ella describe como "aprender los beneficios del fracaso".

El fracaso, junto a la crucial importancia de la imaginación, fueron los temas elegidos por la autora inglesa para su discurso ante tan cualificada audiencia. En referencia a su pasado de penurias económicas, la autora define la pobreza como algo que tan sólo un tonto idealizaría, acarreadora de miedo, estrés y, a veces, depresión, generadora de humillaciones y penurias.

"Superar la pobreza con el esfuerzo propio es, sin duda, algo de lo que enorgullecerse".

Con una velada crítica al sistema, que establecía el aprobar exámenes como uno de las variables principales con las que medir la valía de un joven, J.K. Rowling dibuja el fracaso como algo duro, frustrante y estresante pero que, si nos acecha, tenemos que saber afrontar. Un largo y extremadamente incierto túnel que debemos cruzar pese a que nadie nos ha preparado para ello.

El fracaso representa para J.K. Rowling remover todas las capas de lo intrascendente para centrarse en lo sustancial. En su caso particular, su respuesta frente al más completo de los fracasos tanto personal como profesional fue concentrar toda su energía en la concepción de su obra, posteriormente conocida como las historias de Harry Potter.

Haber logrado el éxito en cualquier otra faceta profesional no hubiera permitido a la que en la actualidad es una mundialmente reconocida autora de *best sellers* concentrar sus esfuerzos en lo que realmente le importaba.

Pese a la extrema dificultad, se sentía en parte liberada porque lo peor había ya ocurrido y pese a ello seguía con vida, tenía una hija a la que adoraba y una genial idea por desarrollar.

Tocar fondo fue, por tanto, una oportunidad para construir el tipo de vida que realmente quería. Estar preparados para tocar fondo es algo esencial ya que el fracaso, en mayor o menor medida, finalmente nos acaba llegando a todos, a menos que, como cita la autora de Harry Potter, "se viva con tanto cuidado que no se viva del todo".

El fracaso brindó a J.K. Rowling la seguridad, el conocimiento y la confianza en sí misma que no le brindaron ni el hecho de aprobar exámenes ni ninguna otra circunstancia vital, ayudándole a descubrir su firmeza de voluntad y el incalculable valor de alguna de sus amistades, algo que nunca hubiera descubierto sin la adversidad.

Según la reconocida escritora, recuperarse de las caídas le brinda a uno la seguridad en su capacidad de supervivencia, "un conocimiento de uno mismo que cuando ha sido logrado con crudeza representa un verdadero regalo" y que tiene más valor que cualquier otra cualificación.

Para J.K. Rowling "la vida personal no es un *checklist* de cualificaciones. Tu currículum no es tu vida, aunque haya mucha gente que lo confunda. La vida es difícil y complicada y está por encima del control de cualquiera. Tener la humildad de reconocerlo te permitirá superar sus vicisitudes".

El último aspecto sobre el que nos gustaría llamar tu atención en este capítulo dedicado al optimismo es sobre la importancia de establecer metas para todo aquello que nos propongamos.

Generalmente, todo propósito que no venga acompañado de una meta concreta y cuantificable corre el peligro real de la evaporación.

Casi siempre pensamos en metas relacionadas con el deporte, pero la vida son muchas más cosas. Formar una familia, tener tu propia empresa, ser un buen artista, un buen abogado, un buen electricista, un buen dibujante, un buen decorador,…

Ayuda a tu hijo a desarrollar su imaginación, a visualizarse logrando sus metas. Y hazle entender la importancia de establecer metas ambiciosas pero alcanzables, que se puedan concretar tanto en cifras como en fechas.

Si se plantea una meta muy alta quizá no llegue a lograrla al 100%, pero seguro que llegará mucho más lejos que si no se la hubiera planteado.

Aprovecha tu potencial educador para reforzar su autoestima, haciéndole sentir como una persona maravillosa con muchas cosas que aportar y plenamente capaz de alcanzar sus logros. Anímale a concretar sus sueños en metas y a tenerlas siempre presentes y visibles.

Aplícate lo que le decía Will Smith a su hijo en la película *En busca de la Felicidad*: "Nunca dejes que nadie te diga que no puedes hacer algo. Si tienes un sueño debes protegerlo. Si alguien no puede hacer algo te dirá que tú tampoco puedes. Si quieres algo ve tras ello".

La autoestima es posiblemente el mejor regalo que podemos darles a nuestros hijos y será la base sobre la que se edificarán sus principales logros y emprendimientos.

Convéncele de la importancia de aprovechar su potencial para fomentar cambios en todo aquello que le rodea. Ghandi resumía así la importancia de impulsar el cambio desde la órbita individual: "Casi todo lo que realice será insignificante, pero es muy importante que lo haga".

Seguro que a estas alturas ya estás convencido de establecer el optimismo como un posicionamiento vital incuestionable para ti y tu familia.

Es hora de adentrarnos en el complejo pero trascendental mundo de las relaciones.

Líderes en Relaciones

A principios del año 2000, trabajaba en el mundo de la banca privada, captando clientes de alto poder adquisitivo y recomendándoles cómo invertir su dinero.

Un trabajo agradable y bien remunerado, en el que cuando los mercados caminaban viento en popa te convertías en una especie de pequeño gurú para tus administrados.

Disfrutaba con el vaivén de los mercados, con el arranque de Tokio o los azares de Wall Street o con la oportunidad de leer a fondo los informes de mercado. Era una forma de reconciliarme con la macroeconomía desde que posiblemente el peor profesor universitario de la época contemporánea nos hiciera aborrecer la asignatura, afanado en demostrar que era tan inteligente como para que nadie pudiera entenderle.

A profesores de este tipo sólo puedo agradecerles una cosa: haber grabado a fuego en mí la certeza de que una enseñanza no sirve de nada si no es claramente comprensible. Quizá por eso el Método OREOH se basa en una máxima: si el mensaje no se entiende claramente y no entretiene como para enganchar la atención de inmediato sencillamente no sirve.

Pese a mi confortable situación laboral, un fenómeno me seducía profundamente como para revolverme internamente. Internet se estaba erigiendo ya en la siguiente gran revolución económica de alcance global.

Tan entusiasmado estaba en comprender en profundidad cómo la tecnología iba a afectar a los distintos sectores económicos que no paré hasta lograr cursar en el Instituto de Empresa en Madrid el primer máster en dirección de empresas que se impartía en España en la especialidad de e-Business. Una propuesta formativa que partía con el mejor de los carteles: en plena efervescencia del fenómeno de internet, con un selecto alumnado y con un profesorado que combinaba a los docentes clásicos del Instituto de Empresa con integrantes de las empresas más chic del momento como la explosiva Terra, paradigma de la burbuja tecnológica en España.

Una experiencia que cambió mi vida, de una manera muy distinta a la esperada. De hecho, aquí me encuentro escribiendo un libro sobre cómo enseñar inteligencia emocional y fomentar el espíritu emprendedor en los niños. Como bien explicaba Steve Jobs en su discurso de 2005 en la universidad de Stanford, los distintos conocimientos adquiridos a lo largo de tu trayectoria personal, académica y profesional pueden finalmente acabar conectándose (*connecting the dots*).

Esta inmersión formativa cambió para siempre mi visión de los negocios, acercándome a cómo deberían estos adaptarse para sobrevivir en un entorno cada vez más digital. Quizá también por eso en InspiraKIDS.com nos hayamos esforzado tanto en hacer que el Método OREOH fuera disponible en cualquier lugar y a cualquier hora gracias a nuestra plataforma web.

Pero, lo que es más importante, me brindó amistades maravillosas de las que me siento muy orgulloso y agradecido, que me han aportado enormemente en lo profesional y de las que llevo disfrutando en lo personal durante la ya larga década transcurrida desde el inicio de ese periplo de año y medio que comenzaba los viernes a mediodía, con mi apresurado viaje en coche a Madrid y terminaba los sábados por la tarde, cuando regresaba agotado a mi casa de Vitoria tras un intenso y enriquecedor fin de semana.

La aventura desencadenó también en un cambio laboral que, inevitablemente, desembocaba en internet. Una intensa experiencia en una *first mover* de internet en España, en la que cabalgando a lomos de la burbuja tecnológica aprendí más que en todo el resto de mi vida laboral, tanto en los buenos momentos de expansión como en los nada agradables episodios posteriores al pinchazo de la burbuja.

De todo lo aprendido en aquel año y medio, en el que se combinaban asignaturas clásicas de gestión empresarial con otras más específicas sobre negocio en internet, hubo un aprendizaje que me impactó especialmente: la teoría de los 6 grados de separación.

David Allen, atípico y genial profesor de estrategia, tuvo a bien incluir esta teoría en el temario de su asignatura junto a una biografía, la de Lois Weisberg, que ilustraba a la perfección en qué consiste ser un nudo de relaciones.

La Teoría de los 6 grados de separación, que propugna que estamos ligados con cualquier persona del planeta mediante tan sólo 6 conexiones o menos, tiene su origen en 1929, en un relato llamado *Chains* del escritor húngaro Frigyes Karinthy. La idea expresada por Karinthy relacionaba el número de conocidos de una persona con el número de enlaces de su cadena de relaciones, pudiendo ésta crecer exponencialmente gracias a las mejoras tecnológicas en comunicaciones y medios de transporte que comenzaban a experimentarse ya en la época.

El psicólogo de la Universidad de Harvard Stanley Milgram recuperaba en 1967 la Teoría de los 6 grados de Separación, concluyendo a través de su *Small World Experiment* que se podría enviar un paquete desde las localidades de Omaha (Nebraska) y Wichita(Kansas) a una misma persona en Boston en tan solo 6 saltos. Lo curioso es que entre los paquetes que llegaron a su destino, en varios de ellos existían coincidencias en los últimos eslabones de la cadena, reforzando la idea de la existencia de personas que son nudos de relaciones.

También el sociólogo estadounidense Duncan Watts abordó de nuevo el tema en su libro *Six Degrees: The Science of a Connected Age*. Un estudio realizado en 2003 en la Universidad de Columbia, inspirado en el *Small World Experiment* de Stanley Milgram y basado en el envío de emails, confirmaba que la Teoría de los 6 grados de separación se cumplía con aún mayor certeza en el entorno digital.

Otro estudio realizado por Microsoft en 2006, que analizaba el uso del Messenger, estableció en 6,6 conexiones los grados de separación entre una persona y otra en cualquier lugar del mundo.

Un grado de separación es, por tanto, una medida de la distancia social entre las personas. Estás a un grado de separación de las personas que conoces y a dos grados de separación de las personas que tus amigos conocen. Y así sucesivamente. Es la teoría que subyace bajo el origen de las redes sociales que tan profundo impacto han alcanzado en los últimos años.

Un artículo en The New Yorker ilustraba de otra manera los nudos de relaciones narrando la historia de Lois Weisberg. En su columna *Annals of Society* de 11 de Enero de 1999 el redactor del prestigioso semanario neoyorquino Malcolm Gladwell se preguntaba si esta desconocida abuela de Chicago podía de alguna manera gobernar el mundo. Para Lois Weisberg, entrevistarse con alguien no era en realidad entrevistarse con alguien. Si alguien lograba gustarle, enseguida era reclutada para sus grandes esquemas, sumergiéndole en su mundo.

Lois Weisberg era Comisionada de Asuntos Culturales de la ciudad de Chicago, pero en sus 73 años de vida había hecho de las relaciones sociales su verdadero arte, conociendo a actores, músicos, doctores, abogados, políticos, activistas, medioambientalistas… La persona a la que de hecho visitaban Dizzy Gillespie o Tony Bennett cuando acudían a actuar a Chicago o la que ponía en contacto al escritor Arthur C. Clarke con Isaac Asimov, ambos considerados como uno de los "tres grandes" escritores de ciencia ficción junto a Robert A. Heinlein.

Lois Weisberg es en sí misma un auténtico nudo de relaciones. El tipo de persona que conoce a gran cantidad de gente y los interconecta entre sí. El tipo de persona que existe en todas partes. Como señalaba Malcolm Gladwell en The New Yorker "el tipo de gente que conoce a todo el mundo y que de una manera oblicua puede en realidad gobernar el mundo. La gente que a pequeña escala, en el día a día, hace que el mundo funcione, propagando ideas e información y conectando a gente aislada".

En el Método OREOH utilizamos la Teoría de los 6 grados de separación para que los niños *asimilen que* cuantos más amigos tengan, mejor y más lejos podrían circular sus paquetes.

En tan solo 6 saltos, su paquete podría llegar a cualquier parte del planeta. A través de seis eslabones, podrían conectarse con cualquier personaje que pudieran imaginar, ubicado en cualquier lugar, por remoto o inaccesible que pudiera parecer.

Con este ejemplo, tan fácil de entender como impactante, quizá logremos que nuestro hijo observe a sus compañeros con otra perspectiva, no como alguien al que ignorar o en el peor de los casos despreciar, sino como el aliado que pueda ayudarle a cumplir sus proyectos, el doctor que pueda curarle sus enfermedades o quien pueda presentarle a la persona con la que necesita contactar.

En definitiva, nuestro objetivo es incentivarles para que aspiren a ser auténticos líderes en amigos, animándoles a cultivar sus redes de relaciones desde pequeños.

Quizá así evitemos que les ocurra lo que posiblemente nos ha ocurrido a muchos de nosotros: que descubramos esta sencilla regla sobre el cultivo de las redes de relaciones cuando ya es quizá un poco tarde.

Tener muchos amigos es también una forma de tener éxito. Así que, ¿por qué no animar a tu niño o niña a tener cuantos más amigos mejor? ¿Por qué no insistirle en que todo el mundo tiene algo que aportarnos, algo que enseñarnos? Algo tan sencillo y trascendental como el respeto a la diversidad y el placer por descubrir las singularidades de cada persona.

Si queremos relacionarnos eficazmente con los demás tendremos que sintonizar en el terreno de las emociones, lo que viene a llamarse la empatía.

En el contexto actual en el que vivimos, dominado por la tensión y la despersonalización de la vida moderna, el autocontrol y la empatía son quizá los principales elementos de la inteligencia emocional que debemos fomentar en nuestros hijos, tal y como subraya Daniel Goleman.

Hasta las más modernas teorías educativas como las inteligencias múltiples de Howard Gardner dedican un apartado relevante a las habilidades interpersonales. Howard Gardner, eminente psicólogo de la Universidad de Harvard revolucionó la concepción tradicional que identificaba la inteligencia exclusivamente con la capacidad para la aritmética o el lenguaje.

Su Teoría de las Inteligencias Múltiples, muy de moda en la actualidad por haber sido asumida por diversas instituciones docentes como eje para su innovación educativa, asume que para el éxito en la vida existen muchos otros tipos de inteligencia igualmente válidos y provechosos que el cálculo del cociente intelectual basado en el trinomio conocido en el mundo anglosajón como RWA (reading, writing and arithmetic). En él se han basado los exámenes estándar utilizados para emitir un dato sobre la inteligencia de las personas o para determinar la calificación necesaria para el acceso a la Universidad, como si de estas limitadas variables se determinaran las posibilidades de éxito de un joven en la vida real.

De entre los 7 tipos de inteligencia que Howard Gardner identificó en su primer desarrollo teórico, dos de ellas están dedicadas a las habilidades interpersonales, lo que implica ya un reconocimiento explícito de que la inteligencia emocional es en sí misma una herramienta catalizadora del éxito.

La inteligencia interpersonal es la de aquellos que se comunican y entienden bien los sentimientos de los demás y acreditan habilidades para el liderazgo. La inteligencia intrapersonal es, en cambio, la capacidad para conocernos a nosotros mismos y saber reconocer nuestras propias emociones, la de ser capaces de gestionar óptimamente nuestra vida interior.

Por todo este abanico de argumentos insistimos en el Método OREOH de InspiraKIDS en la necesidad de dotar a los niños de herramientas para poder dominar la exuberancia de sus emociones, lo que se traducirá en efectos más que beneficiosos desde las etapas tempranas de la niñez y durante toda su vida.

El autocontrol o dominio de las emociones es el antídoto perfecto frente a la ansiedad o la depresión, dos desgraciadas realidades habituales tan características de la sociedad en la que vivimos.

Me pareció especialmente sorprendente y significativo el estudio de la Universidad de Stanford mencionado en el libro

La Inteligencia emocional de Daniel Goleman. En este estudio, se les ofrecía a los niños de 4 años una golosina y, si esperaban 20 minutos a que volviera su instructor, recibirían dos golosinas en lugar de una. La Universidad de Stanford, tras estudiar el rendimiento futuro de los participantes, concluyó que aquellos que fueran capaces de dominar sus impulsos y demorar la necesidad de gratificación obtendrían mejores resultados académicos, profesionales y personales en el futuro y acreditarían una mayor resistencia a la frustración, así como una mayor capacidad de motivarse de cara a sus logros.

La impaciencia y la impulsividad en el niño no debe, por tanto, ser concebida como algo simpático y representativo de un fuerte carácter, sino como el síntoma de un mejorable sistema de autocontrol emocional, sobre el que si se actúa y progresa reportará con el paso del tiempo sensibles ventajas competitivas.

El desarrollo de su empatía será también el mejor remedio preventivo para grandes males que tan lamentablemente afectan a la juventud como la violencia, el acoso escolar o el consumo de drogas.

Pero ¿cómo podemos explicarle a un niño qué es la empatía?

Como Alicia López-Covarrubias expone en el curso del Método OREOH, la empatía es ponerse en los zapatos del otro y pensar dónde le pueden rozar. La empatía implica respetar a sus compañeros, ayudarles en lo posible, comprender sus fallos, ser bueno o buena con ellos. Aceptar que sean diferentes. Interesarse por sus asuntos, alegrarse de sus logros, pensar en lo que puedan necesitar o animarles cuando estén tristes.

LÍDERES EN AMIGOS

La empatía es, por tanto, sintonizar la misma frecuencia que el otro. Empieza por fijarte en el color de sus ojos, interesarte verdaderamente en la otra persona y escuchar atentamente lo que quiere transmitirte. Desarrollar la empatía implica también necesariamente aprender a escuchar.

Escuchar es mucho más difícil que hablar. Escuchar implica interesarse realmente en el otro, observarle con atención, evitar la tentación de hacer juicios intermedios hasta que haya terminado el mensaje, hacerle preguntas, anotar lo más destacable.

La empatía se compone de mucho más que los meros mensajes orales. Para empatizar, no sólo son importantes nuestras palabras. Nuestro aspecto, el tono de nuestra voz, nuestra postura del cuerpo y la expresión en la cara influyen mucho más en los demás que lo que realmente expresamos con las palabras. Hablas con tu cara y con tu cuerpo, incluso cuando no dices palabra.

Imagina la frase "Fuera de aquí ahora mismo" expresada con un tono de voz y una cara enfadada y ahora imagínatela dicha con un tono divertido y una amplia sonrisa. Verás que transmiten mensajes totalmente diferentes.

Mientras la razón se expresa mediante las palabras, las emociones lo hacen a través de la comunicación no verbal, tal y como bien explica Daniel Goleman. Enseña a tu hijo o hija a cuidar mucho no sólo sus palabras sino también su expresión corporal, su tono de voz y su expresión facial.

No existe mejor manera de reforzar la comunicación no verbal que empezando por desplegar una inmensa sonrisa. Sonreír es un camino directo para ser más aceptados, más queridos y más influyentes. Con una gran sonrisa estaremos también haciendo la vida agradable a los demás y generando serotonina, un neurotransmisor cerebral que nos hará sentir físicamente mejor.

En el Método OREOH, enseñamos a los niños a ser líderes en amigos. Hay que desterrar la típica percepción de los niños de que un líder es un abusón.

Como señala en nuestro curso Alicia López-Covarrubias, psicóloga de InspiraKIDS, un líder:

- Se comunica muy bien y logra que los demás le escuchen.

- Guía a otros hacia una meta común.

- Crea buen ambiente.

- Sabe escuchar y ponerse en el lugar del otro.

- Sabe motivar siendo positivo.

- Busca siempre nuevas y mejores maneras de hacer las cosas.

- Es responsable y se esfuerza en perseguir las metas marcadas.

- No excluye a los demás, sino que sabe cómo incluir en una actividad a todos.

- No hace todo el trabajo, sino que sabe cómo repartirlo entre todos.

- Y sobre todo es decidido: no siente miedo a tomar decisiones.

Los líderes no nacen, los líderes se hacen entrenando todo lo anterior. Conocer a mucha gente es una manera de ser líder. Tal y como se lo explicamos en el Método OREOH, queremos que nuestros hijos sean líderes en amigos, que tengan muchos y muy buenos amigos.

Pero, ¿qué es en definitiva un amigo? Un verdadero amigo es alguien que te acepta como eres, se alegra en tus momentos buenos y te ayuda en los malos, comparte y te ayuda en tus penas y te perdona tus errores. La amistad es respeto. Respeta que los demás sean diferentes a ti. Respeta que piensen distinto de ti. Si lo haces tú, es mucho más probable que tu hijo o hija lo haga.

La vida es un conjunto de relaciones. Relaciones con la familia, con los amigos, con los compañeros de trabajo, con los compañeros de aficiones, con el colegio, con las empresas.

Cuanto más y mejores relaciones construyamos, mayores probabilidades tendremos de que nos vaya mejor en la vida.

El Esfuerzo, pasaporte hacia el éxito

Aunque con el paso de los años comenzamos a percibir con meridiana claridad que lo que marca la diferencia es la capacidad de sacrificio y trabajo por encima de cualquier otra variable, no es del todo fácil explicárselo a un niño sin que sea interpretado como la frase hueca y recurrente de un adulto reiterativo.

Pero si comenzamos por preguntarle si comparte la opinión de que Will Smith no tiene talento quizá sí logremos captar su atención de inmediato.

El recurso a ejemplos de iconos del deporte o del *show business* es indudablemente una de las maneras más efectivas de atraer la atención del niño hacia un tema tan árido y poco atractivo a priori como el del esfuerzo.

Es el propio Will Smith el que en una entrevista para la revista Reader's Digest atribuye su éxito a su capacidad de esforzarse. "La mayoría de la gente con la que compites no va a dar el 100 %. Si pillas un día malo, vas a competir contra alguien que va a dar el 87%. Todavía vas a ganar. Si resulta que te cruzas con un Michael Jordan, te vas a sentir bien por haber competido. En una de mis canciones escribo que la clave para la vida está en la cinta de correr de un gimnasio. Si dices que vas a correr 3 millas y sólo corres 2, no me tengo que preocupar de perder ante ti. Cuando yo digo que voy a correr 3 millas, corro en realidad 5. Con esa mentalidad es bastante difícil perder".

Cuando alguien como Will Smith, con la credibilidad que le otorga el hecho de haber logrado tan altas cotas de éxito y reconocimiento en la música y en el cine, explica de manera tan sencilla y comprensible la importancia del esfuerzo, hasta el más receloso de los niños podría fácilmente asimilar el mensaje y comenzar a compartir su manera de pensar.

CON ESFUERZO LLEGARÁS MUY LEJOS

Para los que llevamos ya algunas horas de vuelo más que los neófitos a los que tratamos de educar, no nos resulta nada difícil recordar múltiples casos de jóvenes con altas capacidades intelectuales, deportivas o artísticas que no lograron encauzar satisfactoriamente sus vidas debido a su falta de sacrificio y al nulo estímulo por el esfuerzo.

Así que estamos ante un mensaje importantísimo de cuya asunción o no por parte de nuestros hijos puede depender toda una vida. Conocer la importancia del esfuerzo es, sin lugar a dudas, uno de los pasaportes más directos hacia el éxito.

Otro de los referentes deportivos más renombrados que atribuye su éxito al esfuerzo es Michael Jordan. Por si hiciera falta glosar alguno de sus logros, Michael Jordan está considerado el mejor jugador de baloncesto de la historia, habiendo ganado 6 veces el anillo de campeón de la NBA, 10 veces el título de máximo anotador, 5 veces MVP de la temporada, 6 veces MVP de las Finales, nombrado en el mejor quinteto de la NBA en diez ocasiones, en el defensivo nueve veces, líder en robos de balón 3 veces y con un premio al mejor defensa de la temporada.

En la actualidad, Michael Jordan tiene su propia marca de ropa deportiva y es también propietario de un equipo de baloncesto de la NBA, los Charlotte Bobcats.

En su libro titulado *Mi filosofía del triunfo*, Michael Jordan lo explica así: "Siempre he creído que si uno se pone a trabajar, los resultados llegarán tarde o temprano. No hago las cosas creyendo a medias. Sé que haciendo las cosas a medias sólo puedo esperar resultados mediocres. Por eso me concentro tanto en los entrenamientos como en los partidos. Es una actitud que se puede abrir y cerrar como si fuera un grifo".

Si bien para captar la atención de un niño es muy efectivo recurrir a grandes estrellas del deporte o del mundo del entretenimiento, para inculcar en un adulto la fe en la cultura del esfuerzo pueden ser mucho más efectivas las historias de héroes desconocidos de la vida cotidiana, con los que a buen seguro nos sentiremos mucho más identificados.

Una de esas historias es la de Santiago Medina, un carpintero jubilado de Lanzarote no excesivamente interesado en el fútbol. Finalizaba el año 2007 cuando directivos del Real Madrid visitaban la isla volcánica para presenciar a su equipo alevín compitiendo en un torneo internacional de fútbol 7 que organizaba el conocido periodista deportivo José Ramón de la Morena.

Su presidente en aquella época, Ramón Calderón, quedó impactado cuando en una visita al sur de la isla observó la protesta de una humilde familia que luchaba por mantener sus pequeñas casas frente al poderío de unos promotores inmobiliarios, que habían entablado una disputa legal con el fin de desalojar a los Medina de unas viviendas que su familia ocupaba desde 1905.

En la fachada de una de estas modestas casitas de pescadores, ubicadas frente a las majestuosas obras de un moderno puerto deportivo, podía leerse la pancarta que reflejaba el sentir de Santiago Medina y su familia: "Si luchamos podemos perder, pero si no luchamos estamos perdidos".

Fue tal el impacto que esta visión causó en el presidente madridista que llamó de inmediato a Miguel Ángel Arroyo, director general de la presidencia, para que apuntara la frase. Encargó a su regreso a Madrid una pancarta de 3X2 metros, que fue colgada en la puerta del vestuario del primer equipo, tal y como recogía el diario deportivo AS el 30 de enero de 2008.

Tras una larga batalla legal, la familia Medina fue finalmente desalojada de su vivienda al no poder acreditar documentalmente la propiedad de los inmuebles.

Pero lo que nunca hubiera imaginado Santiago Medina y su familia es que su historia de tesón y entereza se ganaría para siempre el respeto y cariño de la sociedad lanzaroteña, dejando incluso su impronta en el vestuario de uno de los clubs deportivos más importantes del mundo.

Cuenta en su artículo el diario AS que el cartel despertó el interés de jugadores como Raúl, pero también el recelo de Gago, al que no le gustaba ver la palabra perder incluida en el lema.

Para el presidente madridista la clave estaba precisamente ahí, en "negar la inmortalidad, la prepotencia, aceptar la posibilidad de la derrota, pero luchar contra ella".

En el Método OREOH estamos convencidos de la importancia de saber asumir el fracaso y de saber motivarnos para superarlo.

Aprovecha el fracaso para esforzarte en mejorar, corrigiendo los errores del pasado. Céntrate al 100% en lo que sabes hacer bien. Será una etapa intermedia hacia el éxito. Como señala el brillante e inspirador escritor Paulo Coelho, "ncluso un camino sinuoso y difícil nos puede conducir a la meta si no lo abandonamos hasta el final"

Para Conchi Bellorín, adoptar la paciencia, la perseverancia y el espíritu de superación no ha sido sólo un medio para conseguir sus metas, sino más bien una auténtica filosofía vital. Esta judoka olímpica española publicaba en su cuenta de Twitter una foto con este precioso mensaje: *sólo está derrotado aquel que deja de soñar.*

La vida de esta deportista extremeña refleja a la perfección el espíritu de sacrificio de todos esos practicantes de deportes más minoritarios que lo sacrifican casi todo por el logro de sus metas personales, cuya consecución sólo puede materializarse en eventos extraordinariamente dilatados en el tiempo, como un Mundial o los Juegos Olímpicos, y en los que no existe ninguna garantía de que todo ese esfuerzo se vea recompensado.

A Conchi Bellorín pronto le inculcaron en su casa la cultura del esfuerzo. De la mano de Javier Linde, con sólo doce años se enamoró del judo en el colegio Santa Teresa de Jesús de Badajoz. Con apenas 15 tenía ya decidido que su vida giraría alrededor de la práctica de esta disciplina deportiva. Para lograr un plan de entrenamientos competitivo, esta extremeña tuvo que viajar por distintas partes de la geografía española: Madrid, Alicante, Pamplona,…Al no recibir ninguna subvención ni ayuda económica, más allá de lo que sus padres podían aportarle, tuvo que afrontar los más variados y a veces no demasiado gratificantes trabajos como los de moza de almacén, carga y descarga de camiones, vigilante nocturna de seguridad, auxiliar en comedores o socorrista, entre otros.

Todo ello por perseguir su sueño. Sacrificio, esfuerzo, dedicación y constancia. Renunciar al descanso y a las diversiones propias de la edad formaba parte del compromiso necesario para alcanzar sus retos. Los entrenamientos, los estudios y el trabajo le impedían hacer la vida normal de una joven de su edad. La sensación de no haber vivido la adolescencia nunca pudo con su compromiso de querer ser mejor cada día, no sólo como deportista sino también como persona.

En el camino no faltaron ni las lesiones ni los momentos de decepción propios de la alta competición, pero cualquier atisbo de cejar en el empeño siempre fue superado por la fuerza interior de Conchi y por su deseo de agradecerle con su esfuerzo a su familia todo el apoyo que siempre le había brindado.

El empeño y el sacrificio suelen traer sus frutos. Con 16 años llegó la primera gran satisfacción, la de conseguir el cinturón negro de judo. Desde entonces, la emoción de subir a un tatami y experimentar las sensaciones de la alta competición es el premio más tangible a su fuerza de voluntad.

La experiencia de entrenar en Alicante con Miriam Blasco, ex campeona de Europa, mundial y olímpica, fue una de las influencias clave para adaptarse al mundo de la alta competición. En 2009, con 29 años, regresó a su tierra para entrenar con un competitivo equipo de trabajo multidisciplinar a cargo de Raquel Hernández, doctora en Ciencias del Deporte y Entrenadora Nacional de Judo, que le permitía soñar con lo más alto, el éxito olímpico. En ese mismo año comenzaron a llegar los primeros éxitos de relevancia en competiciones internacionales. Sin apenas darse cuenta, el logro de ser campeona de España había dado paso al sueño de estar inmersa en un ciclo olímpico.

Londres 2012 fue la primera aparición de Conchi en unos Juegos Olímpicos. Un ippon de la húngara Hedvig Karakas a 12 segundos del final del primer combate en el que Conchi iba por delante, puso el punto y final a su estreno olímpico, pero no al orgullo de representar a su país y a la emoción de escuchar el himno nacional.

Como bien explica Conchi Bellorín "el deporte no te da de comer" y el sacrificio no garantiza que todo vaya a salir bien. El deporte es, por encima de todo, una filosofía de vida. "Es impresionante que suene el himno de tu país por ti". La experiencia vivida en Londres junto a su equipo de trabajo compensó todos los esfuerzos. Ni siquiera una rotura en el ligamento lateral anterior de su rodilla derecha producida el pasado verano ha logrado minar su inagotable fuerza de voluntad.

Río 2016 es el siguiente objetivo en esta brillante trayectoria personal y deportiva, un ejemplo de sacrificio y tesón que no pasa desapercibida para los jóvenes que acuden regularmente a la escuela de judo a la que Conchi Bellorín da nombre.

Para entrenar a nuestros hijos en la cultura del esfuerzo debemos transmitirles que para su puesta en práctica hacen falta dos ingredientes: motivación y disciplina.

Motivación es buscar motivos, identificar un porqué o un destino final que nos ilusiona para continuar en el esfuerzo. Una vez localizado el motivo que nos ilusiona debemos convertirlo en una meta concreta y cuantificable. La motivación implica desear llegar a la meta con todo nuestro corazón y sustentar en motivos reales por qué quiero llegar a esa meta.

La motivación implica necesariamente determinación: las quejas, las excusas y las lamentaciones son las enemigas públicas número 1 de la motivación.

Como explica Alicia López-Covarrubias en el curso del Método OREOH, "la motivación se convierte en el motor que nos hará llegar a la meta". "Podemos marcarnos retos en muchos ámbitos de nuestra vida: conseguir terminar una colección, mejorar en los deportes, tener siempre mi cuarto ordenado, conseguir una buena nota, hacer una obra de arte,… El esfuerzo es como los músculos, hay que entrenarlos", señala.

Otro de los instrumentos a nuestro alcance para aprender a aplicar el esfuerzo es la disciplina. La disciplina, que puede parecer un término con connotaciones peyorativas, no es otra cosa que la capacidad para crear hábitos enfocados al cumplimiento de nuestros objetivos. Crear hábitos o rutinas en el niño es un elemento básico en su educación, fundamental para su rendimiento escolar y futuro. Cuanto antes empecemos a ponerlas en práctica, más fácil será su aplicación y mejores serán también los resultados. La capacidad para establecer rutinas será uno de los grandes aliados del niño en el cumplimiento de sus metas.

La fuerza de voluntad o el esfuerzo se entrenan día a día y dicho entrenamiento será mucho más llevadero si sabemos crear hábitos. Un hábito es algo que no sabemos hacer o nos cuesta mucho y que vamos aprendiendo a base de repeticiones. A medida que lo vamos haciendo, día tras día, se va convirtiendo en algo más sencillo. Hacer siempre una determinada cosa provoca que con el paso del tiempo nos cueste mucho menos.

Uno de los hábitos más importantes que podemos entrenar con nuestros hijos es el de focalizar la atención, lo que los anglosajones vienen a llamar *mindfulness*. La atención es como un músculo. Cuanto más la ejercitamos mayor fortaleza adquiere. Seguro que no se te escapa que la dificultad de concentración es uno de los males de nuestra época. Si bien la tecnología nos brinda acceso a una inmensa cantidad de información y nos ofrece infinitas posibilidades para el ocio y el aprendizaje, no podemos permitir que su mal enfocado o adictivo uso mine nuestra capacidad de concentración. En los momentos de concentración es cuando el aprendizaje es más intenso y cuando las ideas y los planteamientos nuevos fluyen con mayor intensidad. Una habilidad esencial de la que nuestros hijos no pueden permitirse carecer.

Para reforzar la atención, acostumbra a tus hijos a evitar distracciones clásicas como estar pendientes de los teléfonos móviles en las comidas familiares o durante los momentos de estudio. Incentívales para leer un libro que les guste, ajenos a toda distracción exterior.

Si se resisten a leer o a escribir, déjales hacerlo sobre aquellos temas que realmente les apasionan. Y no olvides que una vez más debes predicar con el ejemplo. De nada serviría intentar que tu hijo estudie sin el móvil si tú mismo no lo haces o si al día siguiente te ve conduciendo y leyendo a la vez un mensaje en el móvil.

A continuación, algunos consejos prácticos de Alicia López-Covarrubias sobre cómo establecer hábitos en el niño:

- Usar agendas y calendarios, para saber cuánto tiempo nos va a ocupar esa tarea

- Apagar la tele, ordenador, móvil o cualquier otra distracción. Las distracciones son ladronas de tiempo y de concentración

- Ser ordenado hace que se aproveche más el tiempo

- Crear un plan diario

- Cada tarea o actividad ocupará un tiempo distinto

- Poner límites para terminar las cosas e intentar cumplirlos… pero si no cumples los tiempos, no los dejes sin terminar

- Conseguir decir NO a las tentaciones (hablar con un amigo, encender la tele, conectarme a internet, tumbarme en la cama…).

- Ser puntual para ponerse manos a la obra

- Tener el reloj siempre a la vista para controlar el tiempo que llevas y el que te queda.

Cuando el niño termine con el cumplimiento de su hábito diario, estará tan satisfecho y tranquilo que disfrutará más del tiempo libre. La principal dificultad de establecer hábitos está en las etapas iniciales. Una vez adoptados comienzan a percibirse como algo natural.

La figura parental será clave para enseñar los beneficios de establecer hábitos al niño y para controlar su cumplimiento sobre todo durante los primeros días. Los beneficios que le aportará al niño o niña en el futuro serán directamente proporcionales a lo temprano de su puesta en práctica.

Como hemos venido insistiendo a lo largo del libro, las metas deben estar siempre presentes en la educación del niño y deben ser motivadoras, concretas y cuantificables.

Las metas son un elemento esencial en la motivación y un acicate esencial para la puesta en práctica del esfuerzo.

Conviene ponerse metas ambiciosas pero no imposibles. Una meta ambiciosa nos hará llegar más lejos aunque no la logremos al 100%, pero una meta imposible sería plenamente desmotivadora.

Debemos no sólo establecer metas cuantificables, sino definir con exactitud cuánto tiempo necesitamos y cómo debemos organizar dicho tiempo para poder alcanzarlas.

Nuestra psicóloga de InspiraKIDS nos brinda una serie de consejos prácticos que podrán ayudarle a tu hijo a alcanzar sus metas:

- Ser pacientes y constantes. Por difícil que parezca, la repetición nos ayudará a mejorar nuestra destreza

- No abandonar ante las primeras dificultades, nunca dejar las cosas a medias.

- Marcarnos objetivos intermedios a corto plazo.

- Disfrutar uno mismo y con los demás a medida que los vamos alcanzando.

- A veces, empezar por la tarea más difícil nos hará sentir muy bien cuando la logramos y mucho más capaces de lograr nuestros objetivos finales

- Imaginar cómo será todo cuando la meta esté alcanzada te ayudará a entusiasmarte por el camino

- No compares tus logros con los de otra gente. El esfuerzo se entrena individualmente.

- Intenta siempre encontrar lo divertido de la tarea. A veces es complicado, pero al final se consigue.

- En lo que sí que podemos fijarnos es en cómo consiguieron otros motivarse para alcanzar sus metas.

- Los retos deben ir aumentando en dificultad a medida que vamos alcanzando nuestros logros. Así aumentará nuestro umbral de esfuerzo.

- Hasta que no consigamos un objetivo no debemos empezar el siguiente.

- Debemos intentar ser cada vez más autónomos y conseguir alcanzar las metas por nosotros mismos.

Sobre este último punto, tenemos que poner también de nuestra parte para que nuestros hijos aprendan a ser autónomos. Una cosa es ayudarles a establecer esta serie de hábitos y otra bien distinta es hacerles nosotros todo el trabajo. Sin apenas darnos cuenta, tendemos a ser sobreprotectores y tratamos de resolverles nosotros todos los problemas, inhibiendo su capacidad para afrontar individualmente situaciones exigentes, competencia que a la larga será clave para su desarrollo futuro.

Termino este capítulo con un último consejo. Recuerda alabar a tu hijo o hija no tanto por su valía sino sobre todo por su esfuerzo. No hace falta que le insistas cada día en lo guapo y listo que es, pero sí en reconocer su perseverancia. Ayúdale a reforzar su autoestima, no olvidando incentivar y premiar especialmente su esfuerzo y dedicación.

Estarás allanando el camino para que pueda disfrutar superándose a sí mismo y alcanzando nuevas metas, haciendo mucho más llevadero y motivador el sinuoso camino intermedio hacia el éxito.

Me viene a la mente la genial frase que el maestro Yoda dirigía a Luke Sywalker en *La Guerra de las Galaxias*: *"No lo intentes. Hazlo, o no lo hagas, pero no lo intentes."*

BUSCA OTROS CAMINOS Y DISFRUTA TUS HOBBIES

Ahora que ya tenemos en casa a un jovencito o jovencita con capacidad para pensar por sí mismo debemos ayudarle a abrir nuevos caminos en su vida. Hay muchas maneras de buscar nuevos caminos.

Para buscarlos, primero tenemos que abrir la imaginación. Romper barreras en nuestra cabeza. Aprender a pensar diferente. Creer en nuevos destinos, nuevas posibilidades, nuevas maneras de afrontar las cosas, nuevas soluciones a problemas tradicionales. Huir de la inercia. Abandonar nuestra zona de confort. Si imaginas, podrás ponerte nuevas metas. Y, recuerda, ponerte nuevas metas es el primer paso hacia conseguirlas. Como decía Steve Jobs, "la gente que está lo suficientemente loca para creer que puede cambiar el mundo es la que lo hace".

En un mundo en el que cada vez se hace más patente la necesidad de creatividad, innovación y emprendimiento nuestra sociedad penaliza el error y estigmatiza el fracaso. Le enseñamos al niño que lo más importante es no fallar y, de esta manera inconsciente, le obligamos a cejar en su innata capacidad de crear.

Todos, sin apenas darnos cuenta, seguimos los pasos de la gente que nos rodea. Tendemos a vivir allí donde hemos nacido, hablar el idioma de ese lugar, relacionarnos con la gente más cercana, trabajar en lo que trabajan nuestros familiares, pensar lo que piensan los referentes más cercanos...

En el Método OREOH nos hemos propuesto ayudarle a pensar en nuevas fronteras, a maximizar el abanico de posibilidades para su futuro. Evitemos a toda costa que nuestra influencia pueda poner coto a sus oportunidades. Pensemos ahora en un mundo ampliado, en el que queremos que se imagine.

HAY MONTONES DE CAMINOS POSIBLES

ELIGE EL TUYO PROPIO

Piensa en Internet. Internet es un ecosistema que todos compartimos y que nos acerca a cualquier punto de la tierra. Con los modernos sistemas de mensajería y videoconferencia podemos llegar desde nuestra propia casa a cualquier parte del mundo y acceder a todo tipo de información con la base de conocimientos almacenada en la red. Si algo no está en Internet, sencillamente no existe.

Queremos que pienses que tú puedes ser como Internet. Llegar tan lejos como te propongas. De repente, el horizonte de posibilidades es mucho mayor. El rango potencial de desarrollo para tus proyectos es casi ilimitado.

Te proponemos que hagas con tus hijos un sencillo ejercicio. Abre una herramienta de mapas tipo Google Maps o Google Earth. Selecciona tu pueblo o ciudad. Ahora la ves en toda su integridad. Posiblemente puedes ver hasta sus calles. Éste es el ámbito en el que posiblemente te has movido y quizá en el que ahora se imaginen tus hijos.

Comienza a alejarte con el zoom poco a poco. A medida que te alejas de tu ámbito tradicional te vas acercando cada vez más a ese mundo ampliado en el que queremos que tu hijo se imagine.

Aléjate hasta que veas casi todos los continentes. Tu ciudad comienza a ser totalmente insignificante y puedes ver con claridad ese mundo ampliado en el que tu hijo podrá moverse.

Para vivir en ese mundo ampliado tu hijo necesitará más idiomas. El inglés es tan importante o más que cualquier otra asignatura y tiene que dominarlo a la perfección. Su aprendizaje es ahora más fácil que nunca. Ver las series de televisión y los dibujos animados en versión original es una manera gratuita y efectiva de hacerlo. Los videojuegos pueden convertirse también en buenas herramientas para habituar el oído a escuchar inglés.

Cada idioma aprendido es una llave más a una nueva zona de oportunidades. Si tú quieres, no existen las barreras.

Anímale y pon los medios para que pueda aprender idiomas ahora que es joven y su capacidad de aprendizaje es casi ilimitada. Acostumbra su oído a escuchar otros idiomas. Estarás multiplicando su capacidad de aprendizaje. Los idiomas son el pasaporte para vivir en ese nuevo mundo ampliado.

Ahora pensemos en lo que le gusta hacer. En sus hobbies. En lo que es bueno haciendo. Aquello con lo que disfruta pasando el tiempo. ¿Le gusta la música?¿El deporte?¿La ciencia?¿El dibujo?¿El baile?¿Los trabajos manuales?¿El cálculo numérico?¿Los experimentos científicos?¿Escribir poemas?¿Cocinar? ¿Estás haciendo algo para ayudarle a desarrollar su talento?

Parece fuera de toda duda la importancia de los hobbies para los niños, en una era en la que la televisión ocupa buena parte del tiempo libre de nuestros hijos e hijas.

Muchas veces somos los propios padres los que, sin darnos cuenta, limitamos o incluso evitamos con nuestra pasividad que nuestros hijos desarrollen sus hobbies.

Los beneficios de practicar hobbies pueden ser muchos para el niño/a:

- Aumentar su nivel de autoconfianza mediante el desarrollo de la destreza en las actividades que más valora

- Desarrollar su talento, descubriéndose a sí mismo, sus virtudes y fortalezas

- Fortalecer su autoestima, por la sensación de logro

- Aprender a marcarse objetivos, tomar decisiones y resolver problemas haciendo lo que le gusta

- Servir de nexo de unión con niños de distintas procedencias y culturas

- Servir de origen para futuras vocaciones personales y profesionales.

Los hobbies son, además, la mejor manera que un niño tiene de desarrollar la creatividad. Ayúdale a desarrollar sus pasiones: dedicarse a aquello que le apasiona hará mucho más llevadero su esfuerzo y mucho más posible que fluya todo su talento.

La creatividad es una competencia cada vez más demandada en una sociedad en la que van desapareciendo los empleos tradicionales, por lo que resulta inevitable la búsqueda de nuevas áreas de desarrollo personal y profesional. Con la creatividad comienza todo. Es el origen de la innovación y el emprendimiento.

El objetivo que se le marcaba tradicionalmente a un niño era el de llegar a ser como su padre o madre y acceder a un trabajo seguro.

En la actualidad, nos vemos inmersos en una radical quiebra del modelo económico y laboral tal y como lo conocemos, sujetos a las profundas transformaciones causadas por la globalización y la tecnología.

Lo que antes eran los centros de decisión, los países, se han convertido en meras unidades regionales de los grandes bloques y las grandes multinacionales van sustituyendo progresivamente a las pequeñas empresas familiares que caracterizaban el tejido productivo tal y como lo conocíamos.

Los avances tecnológicos han ocasionado igualmente una profunda transformación en la mayoría de los sectores económicos, dejando un panorama en el que cada vez se produce más con menor intervención de la mano de obra humana, tanto en la cadena productiva como en el sector servicios.

Internet está afectando en profundidad a la manera en que se distribuyen productos y servicios. Lo que antes se distribuía físicamente en establecimientos de venta al público, ahora se hace virtualmente a través de sitios web o dispositivos móviles. Pensemos en los periódicos, las televisiones, la música, el cine, los viajes, los servicios financieros o el comercio y en cómo evoluciona su cadena de distribución.

Millones de puestos de trabajo que antaño se dedicaban a la distribución física de productos están siendo progresivamente amortizados. Gran número de tareas realizadas por el hombre ahora se resuelven con la tecnología.

Así las cosas, los trabajos seguros sencillamente ya no existen. Vivir en un entorno de tal transformación obliga a una profunda reinvención y a un cambio radical de mentalidad por parte de cada uno de nosotros. Asumir los nuevos tiempos y buscar las nuevas oportunidades profesionales que se derivan de este nuevo escenario dominado por la tecnología y la globalización debe ser interpretado como un imprescindible acto de reinvención.

El objetivo de encontrar un trabajo seguro se ve ahora sustituido por la necesidad de desenvolvernos en un entorno cambiante, de ser capaces de reinventarnos continuamente, de aprovechar Internet para llegar más lejos, de dar respuesta a nuevas necesidades, incluso de inventar soluciones a necesidades que todavía no existen.

Por todo ello, que nuestros hijos estén familiarizados con conceptos como la creatividad, la innovación o el emprendimiento no debe interpretarse sólo como una obligación moral para padres y educadores sino como un recurso imprescindible para su desarrollo profesional futuro.

La creatividad es aportar ideas nuevas. La innovación es ponerlas en práctica. El emprendimiento es hacerlo con recursos y medios propios.

Cuando somos niños, todos somos creativos. A medida que pasan los años, nuestros miedos, limitaciones y frustraciones van sustituyendo con el paso del tiempo a nuestras dotes para la creatividad. Tendemos a pensar que la creatividad es un reducto para grandes artistas cuando en realidad se puede ser creativo en cualquier faceta de la vida. La creatividad está al alcance de todos. De un científico, de un abogado, de un entrenador, de un cocinero o de un vendedor. Sólo hay que perseguirla, cultivarla y dedicarle tiempo y espacio. Existen creativos rompedores que alcanzan gran notoriedad y también los que son creativos dentro de sus ámbitos más cotidianos.

Tanto el sistema educativo, como muchas veces nuestras propias enseñanzas como padres, incentivan más el no errar que el crear. Obviamos la realidad de que para crear hay que fallar. El fallo es una parte inherente de la creación. Ser creativo implica poder expresarse, tener confianza en uno mismo, establecer espacios físicos y temporales para la creación y conexiones personales para la retroalimentación. Todos somos creativos. Para ser creativo hay que creer, ponerse a ello, experimentar y cooperar. Hay que mirar el mundo desde el prisma del interés por la evolución.

La creatividad surge con las nuevas experiencias, los viajes, las relaciones con personas distintas. Todos somos creativos. Tan sólo es necesario crear espacios que favorezcan la creatividad. El miedo, la falta de autoestima, la sensación de estar demasiado ocupado y las interrupciones son los principales enemigos de la creatividad.

El sistema educativo tradicional, basado en la memorización de "verdades" absolutas y enfocado a refrendarlas en un examen que busca la calificación numérica y penaliza el error, ha representado un freno al pensamiento crítico y divergente, dificultando el desarrollo del talento diferenciado de los alumnos. Una educación centrada exclusivamente en la aprobación de exámenes estandarizados que priman la capacidad memorística frente a la reflexión y que favorecen exclusivamente a un perfil específico de alumno.

¿Qué sentido tiene dedicar el tiempo del niño a memorizar contenidos cuando todos esos contenidos están disponibles al instante en Internet? ¿No es mejor dedicar el tiempo de estudio a hacerle reflexionar en lugar de a memorizar?¿No será más importante para su futuro su autonomía para obtener recursos, para acceder a la información?¿No hay otras maneras de desarrollar la memoria y la capacidad cognitiva como por ejemplo el ajedrez? Algunos colegios innovadores se han dado cuenta de ello y han introducido el ajedrez como asignatura, primando en las restantes materias las capacidades reflexivas, así como las competencias relacionales y las habilidades comunicativas del alumno.

¿Qué mejor espacio para favorecer la creatividad que los colegios? Frente a un sistema educativo que, como explica el doctor en Educación, escritor y conferenciante británico Ken Robinson, se diseñó para dar respuesta al mundo industrializado y favorecer los trabajos repetitivos que ahora están desapareciendo, se hace patente la necesidad de dar respuesta desde las escuelas al mundo tecnológico y cambiante que habitamos. Frente a unas estructuras tradicionales frustrantes comienzan a abrirse paso tendencias educativas para la esperanza.

Una de ellas es la apuesta por la educación cooperativa que propugna Sugata Mitra. Este profesor de Tecnología Educativa de la Universidad de Newcastle, cuya investigación en la India inspiró la película *Slumdog Millonaire*, ha comenzado ya a construir su proyecto de escuela en la nube. Ganador del Premio Ted 2013, predica la convicción de que los niños pueden aprender libremente mediante Internet y el trabajo cooperativo. Su experimento *Hole in the Wall*, llevado a cabo desde 1999 en zonas en vías de desarrollo como la India o Sudáfrica, consistía en poner un pc en un muro de la calle de un barrio desfavorecido, de manera que los niños pudieran acceder libremente al mismo. Sin ayuda externa, comenzaban a experimentar en el ordenador para muy pronto aprender a navegar por Internet. Posteriormente, se les instaba a responder sobre un tema y se comparaban sus resultados con los de colegios tradicionales obteniendo resultados sorprendentes.

De esta nueva visión del aprendizaje, que comienza a ponerse en práctica ya en diversas escuelas innovadoras, puede extraerse claramente el enorme potencial del trabajo cooperativo ligado al acceso a la tecnología. En este disruptivo modelo, profesores y padres adquieren un nuevo papel de guías, en un contexto en el que no existe la verdad absoluta y el conocimiento está accesible a todos a través de Internet.

Otra de las teorías que está revolucionando el mundo de la educación es la de las Inteligencias Múltiples de Howard Gardner, que pone en cuestión el sentido tradicional de la palabra Inteligencia.

Este profesor de psicología de Harvard, premiado en España con el Premio Príncipe de Asturias de Ciencias Sociales en 2011, planteaba ya en 1983 que la inteligencia no se basa en el cociente intelectual tal y como lo conocemos, expresado en una puntuación consecuencia de un test estandarizado y que prima las habilidades lógico matemáticas del alumno. Muy al contrario, Howard Gardner identifica hasta 8 tipos de inteligencias en los que podrían encuadrarse nuestros hijos. La inteligencia es para Howard Gardner la capacidad de ordenar los pensamientos y coordinarlos con las acciones y puede residir tanto en una habilidad matemática como en una habilidad para interpretar la naturaleza.

La Teoría de las Inteligencias Múltiples representa en sí misma una revolución en la percepción de la inteligencia como reveladora del talento. Toda persona posee diferentes inteligencias, algunas más desarrolladas que otras. No todos aprenden de la misma manera ni al mismo tiempo. Incidiendo sobre las inteligencias más desarrolladas del niño, podemos contribuir al desarrollo óptimo de sus capacidades, favoreciendo que destaque en aquello para lo que es más capaz.

Tan inteligente puede ser, en consecuencia, un artista como un matemático. Tan talentoso y útil para la sociedad, puede ser un cocinero o un vendedor como un médico o un ingeniero. En consecuencia, no sólo lo relacionado con las lenguas, la matemática y las ciencias tiene que ser considerado como inteligencia. El talento puede estar latente en múltiples y diversas competencias de nuestro hijo o hija y en igual medida tienen que ser consideradas como inteligencia.

Si aceptamos esta nueva forma de concebir la inteligencia, no basta con que el padre o el profesor sean como hasta ahora meros transmisores de enseñanzas y eficaces guardianes de la disciplina, sino que adquiere un papel esencial su atenta observación sobre dónde reside el talento del niño para, una vez detectado, ayudar a encauzarlo y explotarlo.

Una conversión de guardianes de la ortodoxia a descubridores de pasiones.

Howard Gardner diferencia 8 tipos de inteligencias:

- La inteligencia intrapersonal o habilidad para conocerse a uno mismo. Este tipo de personas tienen un profundo contacto con sus propias emociones y disfrutan con la reflexión interna. Es el tipo de inteligencia que dará lugar a filósofos, psiquiatras, antropólogos, asistentes sociales o religiosos.

- La inteligencia interpersonal, fundamentada en la habilidad para empatizar con los demás. Son personas con capacidad para identificar las emociones y motivaciones de otros y que disfrutan de la relación con los demás. Caracterizará a un buen vendedor, relaciones públicas, empresario, político o psicólogo

- La inteligencia lingüístico-verbal o capacidad para utilizar el lenguaje verbal y escrito. Son personas que disfrutan con el aprendizaje y uso de las palabras y la construcción de frases y mensajes, tanto en su vertiente oral como escrita. La veremos en un escritor, un periodista, un profesor, un abogado, un buen orador o una guía turística.

- La inteligencia lógico-matemática, que utiliza el pensamiento lógico para entender causas y efectos. Gente que disfruta con los cálculos matemáticos, el pensamiento numérico, la solución de problemas de lógica o las deducciones y el uso de conceptos abstractos. Es el tipo de inteligencia que se dará en un científico, un matemático, un economista o un informático, entre otros.

- La inteligencia corporal-cinestésica o capacidad de utilizar el cuerpo y coordinarlo con la mente para expresarse y realizar destrezas. Son personas que disfrutan con la expresión corporal o el uso de sus habilidades corporales o manuales. Abunda en atletas, actores, bailarines, fisioterapeutas, médicos, masajistas o mecánicos.

- La inteligencia visual-espacial, relacionada con la capacidad para interpretar objetos. Los que la tienen disfrutan con la interpretación del espacio, son capaces de crear imágenes mentales, percibir detalles visuales y recrearlos.

Puede dar lugar a artistas plásticos, arquitectos, diseñadores de interiores, diseñadores gráficos, fotógrafos, …

- La inteligencia musical, relacionada con la sensibilidad para la música y los sonidos. Implica la capacidad de apreciar, discriminar y transformar música, expresada a través de sonidos, ritmos o melodías. Es una de las inteligencias que se desarrolla antes. Dará lugar a músicos, compositores, cantantes, directores de orquesta, poetas, disk-jockeys o técnicos de sonido.

- La inteligencia naturalista o habilidad para interactuar con la naturaleza. Los que la tienen disfrutan observando, analizando e interpretando la naturaleza, en contacto con animales o aplicando el conocimiento para proteger el medio natural. Dará lugar a biólogos, botánicos, medioambientalistas, veterinarios o agricultores.

La teoría de las Inteligencias Múltiples debe hacernos meditar a los padres sobre dónde reside el talento de nuestros hijos. Una nueva concepción de la inteligencia que quizás nos ayude a apoyar decididamente a nuestros hijos en aquello en lo que destacan, independientemente de si se parece o no a lo que venía siendo socialmente aceptado hasta la fecha.

Patricia Ramírez, la psicóloga autora de libros como Entrénate para la vida o Autoayúdate lo explicaba en la red social Twitter de manera inmejorable: "Para saber dónde está el talento de tu hijo, observa con lo que disfruta. El talento no está en lo que conviene, sino en lo que apasiona".

ENCUENTRA TU PASIÓN 

Si permitimos que el niño dedique su tiempo libre a aquello que realmente le apasiona, incluso si cooperamos con él o ella para enfocar su desarrollo profesional hacia actividades relacionadas con sus hobbies, estaremos facilitando no sólo que desarrolle su talento y se dedique a aquello que mejor hace sino que estaremos ayudándole a ser más feliz. La felicidad no es sólo llegar a la meta sino disfrutar del camino. Si disfrutamos del camino, llegaremos mucho más lejos.

En el Método OREOH les explicamos a los niños que todos somos "superdotados" en algo, todos hacemos algo mejor que el resto, y eso que sabemos hacer mejor fluye de manera natural y no cuesta casi trabajo. Hay que encontrar qué nos apasiona y agarrarnos a ello.

El Informe Transforma Talento es una iniciativa sin ánimo de lucro dedicada a promover el impulso del talento en España. En su estudio, define el talento como "simple y llanamente la habilidad para hacer bien algo, evitando caer en la trampa provocada por un uso habitual que se hace del término y que lo convierte en algo elitista o excepcional. Un talento no realizado es un sueño frustrado para la persona que lo tiene y una oportunidad perdida para la sociedad en la que ésta desarrolla su actividad."

Avalado por un importantísimo elenco de líderes empresariales y expertos de reconocido prestigio, el informe relaciona el desarrollo del talento con 3 tipos de realización personal, social y profesional. La realización personal es la dimensión individual del talento y enlaza directamente con la felicidad. Consigue que uno se sienta bien consigo mismo por lo que hace y logra y le hace dueño de su destino. La realización social convierte los talentos en valor social y cívico y a los que la tienen en ciudadanos activos y responsables. La realización profesional es la dimensión productiva de los talentos. Hace que los talentos creen riqueza individual y colectiva. Es la vía para mejorar nuestra empleabilidad y capacidad emprendedora, contribuyendo a la competitividad global.

Una de las reflexiones de este magnífico estudio sobre el talento es que "un país basado en el talento debe tener a este último en el centro tanto de su sociedad como de su economía". El informe señala también que para que una sociedad se sustente intensiva y crecientemente en el talento, debe cumplir tres condiciones básicas: tener como profesiones más admiradas y como referentes sociales a aquellos que son clave para el talento, brillar en los valores que son esenciales para los talentos y entre ellos en particular a la transparencia, al respeto y a la igualdad de oportunidades y, por último, promover y facilitar el desarrollo personal y social de los talentos.

Para Transforma Talento, reconocer y fomentar el desarrollo del talento no es sólo una obligación moral que debemos cumplir como padres sino un compromiso que debería ser extrapolable a toda la sociedad y, muy especialmente, a los integrantes de un sector de tan vital importancia como el educativo.

El citado informe propone en su resumen ejecutivo cómo debemos cambiar nuestra manera de enseñar a los niños. La primera consiste en enseñarles cosas distintas, complementando los contenidos educativos y formativos orientados principalmente a las habilidades cognitivas con el desarrollo de las competencias transversales, actitudes e idiomas, que permitan adaptar los talentos a las nuevas realidades socioeconómicas.

En este sentido, el estudio propone como primera iniciativa poner especial énfasis en enseñar desde edades tempranas y en toda su extensión las cinco categorías de competencias transversales siguientes:

- *Abordar problemas:* pensamiento crítico, resolución de problemas, gestión de la complejidad, organización y gestión eficiente del tiempo.

- *Colaborar:* trabajo en equipo, gestión de la globalización, gestión de la diversidad, virtualización del trabajo.

- *Exteriorizar y contagiar:* capacidad de comunicar, exponer y convencer, inteligencia emocional, autocontrol.

- *Innovar:* capacidad de observar, creatividad, pensamiento lateral.

- *Tener iniciativa:* emprendimiento, gestión del riesgo, gestión de la incertidumbre.

La segunda propuesta del informe pasa por cambiar la forma en que enseñamos a los niños en clase, superando la clase magistral con una participación testimonial o justificativa de los alumnos y con un enfoque mayoritariamente memorístico. Se trata de que los alumnos refuercen sus habilidades tanto cognitivas como transversales y desarrollen actitudes, con la meta de que el alumno pase de ser un objeto pasivo para convertirse en un sujeto activo.

La tercera propuesta pasa por comprender que estamos enseñando a un colectivo que ha cambiado, fruto de una verdadera revolución sociocultural al ritmo de otra tecnológica. Tal y como se describe brillantemente en el informe, las nuevas generaciones son distintas en su manera de proyectarse al mundo, de aprender, de entender la vida, de comunicarse y relacionarse, de percibir la tecnología, de concentrar su atención, de abordar una tarea, o incluso de definir qué entienden por éxito o fracaso.

Pensar que el talento fluye libremente es algo que no se parece en nada a lo que ocurre en la realidad. Para que fluya el talento hay que poner los medios, habilitando espacios temporales y físicos. El talento exige para sus desarrollos grandes dosis de esfuerzo.

Cuando observamos en unos Juegos Olímpicos a un atleta alcanzando la excelencia, ese logro lleva detrás de sí un intenso programa de entrenamientos en los que el esfuerzo, la disciplina y las rutinas son el común denominador. Sólo cuando nos hemos esforzado realmente en desarrollar nuestro talento éste fluye en todo su esplendor. Lo mismo le ocurre a un músico, un pintor o un diseñador. El talento alcanza su máxima dimensión cuando antes ha habido una gran preparación. Pensar que el talento es una cuestión de genialidad innata es sólo una manera miope de verlo.

Todos somos "superdotados" en algo. Todos hacemos algo mejor que el resto, y eso que sabemos hacer mejor fluye de manera natural y no cuesta casi trabajo. Hay que encontrar qué nos apasiona y agarrarnos a ello. Como brillantemente explica Sir Ken Robinson: "El día que encuentras tu elemento, aquello que levanta tu pasión, ya no trabajas nunca más".

Posiblemente muchos niños tiendan a identificar sus hobbies con el fútbol y a establecer sus metas imaginándose como uno de sus famosos favoritos. Eso está bien. Pero no todo el mundo puede llegar a ser Messi o Cristiano Ronaldo y existen infinidad de otras maneras de dar rienda suelta al talento. Pensar en las inteligencias múltiples y en los 8 ámbitos que establecían puede ser una manera eficaz de dibujar un mapa en el que encuadrar el talento de nuestro hijo.

Hay muchas otras maneras de ser feliz y desarrollar tu creatividad aportando valor a la sociedad. Recuerda que en el Método OREOH definíamos el éxito como poder trabajar en aquello que nos gusta.

Reconocer el talento en nuestros hijos no siempre es fácil. A veces porque chocamos con nuestros propios prejuicios sobre qué es exactamente lo que le conviene, otras veces por nuestro simple desconocimiento sobre el ámbito en el que pueden desarrollar sus capacidades. Un ejemplo de esto puede ocurrir, sin ir más lejos, con el mundo de los videojuegos y las aplicaciones.

Si tu hijo está absorto en el mundo de los videojuegos, únicamente piensa en qué dispositivo o juego comprar y sólo quiere pasar el rato con su videoconsola, ordenador, tablet o ipod touch no te preocupes. No es ningún extraterrestre ni ningún vago disperso sin remedio aparente.

El mundo de los nuevos dispositivos electrónicos y de las aplicaciones es un entorno en el que los niños se mueven como peces en el agua. Un entorno al que los adultos no estamos del todo acostumbrados y que por ello nos produce cierta aversión y rechazo. ¿Cuántos padres no han pensado que su hijo está perdiendo miserablemente el tiempo con tanta maquinita?

Muy al contrario, la manera en que los niños se desenvuelven con estos nuevos dispositivos y aplicaciones puede aportarnos múltiples oportunidades para la enseñanza y el interés que despierta en los niños puede canalizarse positivamente para estimularles.

Hace ya demasiado tiempo estábamos mi amigo Emilio y yo sentados en el salón de la casa de veraneo de mi familia junto a su hija y mis dos hijos, con edades comprendidas entre los 10 y 11 años, cuando contemplé una escena digna de relato. Tras un largo rato de período contemplativo en la piscina, viendo cómo los pequeños desplegaban su espectacular explosión de energía, el momento posterior de asueto en el salón era cuando menos sorprendente. Emilio consultaba las noticias en su tablet. Su hija Silvia jugaba a los SIMS en su ipod touch. Mi hijo Diego consultaba el Instagram también con su ipod touch para ver las novedades de sus conocidos y mi otro hijo, Alejandro, tras haber logrado posesión casi permanente de mi tablet, se hallaba inmerso en el logro de un nuevo récord en su juego de coches. La televisión estaba apagada y no existía conversación entrecruzada de ningún tipo. Primero tuve la sensación de estar concibiendo una reunión de extraterrestres, en la que quizá estábamos fomentando "pequeños monstruos" de las nuevas tecnologías. Acto seguido me convencí de que estábamos experimentando una nueva manera de consumir nuestro tiempo libre, que será la que inexorablemente impere cuando nuestros hijos crezcan. Y ya que si la montaña no va a Mahoma, Mahoma tendrá que ir a la montaña, tendremos que esforzarnos en comprender el potencial de aprendizaje que existe para nuestros hijos en el mundo de las apps para estimularles a aprender en ese entorno que tanto disfrutan y dominan, y en el que se desenvuelven con tanta naturalidad.

Mi hijo pequeño me ha demostrado también lo mucho que un niño puede aprender con la tecnología a partir del interés en una de sus aficiones. Gran amante y practicante del baloncesto, este verano tuvo la oportunidad de ejercer de *mopa* en un campeonato cuadrangular sub 19 femenino en el que participaban España, Australia, Canadá y USA. Portar la mopa puede ser aburrido desde el punto de vista de la exigua aportación en el espectáculo, pero brinda la oportunidad de verlo desde una ubicación privilegiada. Maravillado con el espectáculo baloncestístico y atraído por el inevitable *glamour* del equipo norteamericano, Diego no descansó hasta lograr fotografiarse con todo el equipo USA e individualmente con Moriah Jefferson, una carismática y eléctrica base que pronto pasó a convertirse en su icono del momento. La carrera por toda la pista emocionado cuando un miembro del equipo técnico le regaló un pin del equipo americano formará parte de mis recuerdos de por vida. Para culminar el evento, también el equipo canadiense decidió regalar un pin a los abnegados chicos de la mopa con lo que la fiesta fue completa.

Pero lo que me parece especialmente digno de mención es todo lo que vino después del campeonato. El primer paso fue subir a Twitter sus triunfales fotos y hacerse seguidor de la mayor parte de las jugadoras del equipo norteamericano. Tras el exhaustivo análisis de las publicaciones en Twitter de las que dos semanas más tarde se convertirían en campeonas del mundo U19, Diego cayó en la cuenta que las fotos que publicaban en Twitter procedían de Instagram. Le faltaron minutos para tener su propia cuenta abierta en esta red social de fotografías. Moriah Jefferson, persona de pocas palabras en Twitter, era sin embargo tremendamente activa publicando fotomontajes y vídeos en Instagram. Pocos días después, mi hijo pequeño ya dominaba el mundo de los fotomontajes, gracias a las múltiples y gratuitas aplicaciones de fotografía existentes en la AppStore. Cada día que pasa, mi pequeño me informa puntualmente de las novedades de sus "amigas" norteamericanas con toda profusión de fotos y vídeos.

El siguiente paso fue comenzar a escribir sus Tweets en inglés, con redacción un tanto macarrónica al inicio pero progresando adecuadamente día tras día. Mayor fue mi sorpresa cuando me levanté una mañana y lo encontré viendo con toda atención un vídeo en Youtube sobre California, lugar de residencia de otra de las jugadoras. Desde este simpático y afortunado suceso, Diego está encantado de ver las series de televisión y dibujos animados en versión original, algo que llevo intentando o más bien imponiendo desde hace años. En definitiva, toda una cadena de sucesos afortunados de aprendizaje en las que la tecnología y los hobbies son el nexo de unión. Una oportunidad de acceso a infinidad de conocimientos y experiencias que hubieran sido impensables hace tan solo unos pocos años.

Otra conclusión clara que obtuve de esta curiosa experiencia es que si a tu hijo le da pereza leer o escribir, nada mejor que dejarle hacerlo sobre sus hobbies para que se lance a hacerlo, como ya te sugería en el apartado dedicado a los hábitos.

La última competencia sobre la que queremos incidir en el niño es sobre su capacidad de innovar y emprender, despertando su interés en mejorar todo aquello que le rodea.

Explicábamos anteriormente que la creatividad consiste en generar nuevas ideas, en pensar en nuevas formas de hacer las cosas. La innovación es llevarlas a la práctica.

Para que nuestros hijos puedan desarrollar estas competencias hacen falta aptitudes y, sobre todo, actitudes. Por eso consideramos tan importante vincular la inteligencia emocional con el emprendimiento. Nuestro primer objetivo es despertar en el niño una actitud activa sobre la innovación. Incentivarle para que piense en cómo podría mejorar o proponer soluciones nuevas a los servicios y experiencias que vive en su día a día. Cómo organizaría más eficazmente su club deportivo, cómo mejoraría la propuesta de su restaurante favorito, qué aportaría de novedad si fuera él o ella quien tuviera que decorar un negocio son sólo algunos ejemplos de preguntas que podríamos hacer a nuestros hijos para ayudarles a despertar la curiosidad creativa y la pasión por innovar.

En las vacaciones familiares del pasado verano, pasamos un día muy divertido en Selwo, un parque zoológico y de aventura que abarca una bonita y amplia superficie en la sierra de Estepona. Mientras fluía la sensibilidad por la naturaleza de mi hijo pequeño, que lideraba decididamente el grupo hacia las nuevas aventuras que nos iba descubriendo el parque, mi hijo mayor de 11 años me comentaba cómo las distintas actividades programadas en el parque, tanto de exhibición con los animales como las de aventura tipo jumping o tirolina, se concentraban en las horas de mediodía para favorecer que la gente comiera allí.

Este atinado comentario, sobre un aspecto en el que ni los mayores habíamos reparado, me hizo pensar en varias cosas.

En primer lugar, en qué distintos eran mis hijos. Mientras el pequeño se preocupaba sobre si alguno de los monos se sentiría solo en su jaula, el mayor pensaba en cómo rentabilizar los flujos de personas que asistían al parque. Si recurrimos nuevamente a Howard Gardner, fluía por un lado la inteligencia naturalista, la emoción por la interacción con los animales y por otro la inteligencia lógico-matemática.

También me pareció interesante que un niño comenzara a mostrar interés por la vertiente económica del parque, reparando en cómo se organizaba el servicio ofrecido al público. Un paso previo necesario para poder pensar en maneras de mejorarlo. Por último, se evidenciaban una vez más las distintas sendas necesarias para el desarrollo del talento en cada uno de los niños, pese a haber nacido ambos en la misma familia y con idénticos valores, formación y cultura.

Si bien Alejandro escrutó a fondo los servicios gastronómicos que ofrecía el parque, y aunque habíamos pasado una excelente mañana absortos en el bellísimo espectáculo natural, el parque no pudo lograr con nosotros el objetivo pretendido y anteriormente descrito ya que un Mc Donald's cercano ofrecía un servicio diferencial que para mis hijos era el *non va plus*: una zona de juegos con una canasta de baloncesto a una altura que casi les permitía machacar el aro. Un servicio en el que disfrutamos como enanos, que tanto para ellos como para mí mismo representaba un ejemplo claro de diferenciación en el servicio para un restaurante de comida rápida. Digo disfrutamos porque no pude reprimirme en quebrantar la norma de edad de la zona de juegos para sacar a relucir ante la atónita mirada de mi mujer y mis hijos un espectacular repertorio de mates, en el que ni los años ni los kilos parecían influir ante la maravillosa altura a la que se encontraba el aro.

También el propio restaurante de comida rápida había evolucionado notoriamente tanto en su imagen corporativa, compuesta por alegres y modernos colores, como con una nueva organización de los espacios dispuestos con zonas circulares y con cómodas mesas y sillas, que hacían más agradable la estancia y favorecían la cercanía del grupo. Me encantó comprobar cómo los pequeños reparaban también en estos detalles de diseño y de nueva concepción del servicio.

Analizar en profundidad lo que nos rodea es el primer paso para posteriormente poder innovar. Volviendo al ejemplo del McDonald's, el servicio que nos ofrecían se componía no sólo de la hamburguesa, el refresco o el postre que tomábamos, sino también de la amabilidad del personal, la amplitud y la decoración del local, la música de fondo, la limpieza e higiene, el aire acondicionado o los servicios accesorios. En todos y cada uno de estos apartados podríamos innovar. Para poder innovar es necesario estar atentos a estos pequeños detalles y pensar en las posibles maneras de mejorarlos. Y así con todo lo que nos rodea.

No pierdas la oportunidad de enseñar a tus hijos a despertar esta curiosidad por cómo se podrían mejorar las cosas de nuestro alrededor.

Conocer desde la infancia la cultura de la innovación y su importancia para el desarrollo de la sociedad favorecerá indudablemente que más adelante el niño se sienta partícipe y capaz, pudiendo así desarrollar sus aptitudes innovadoras.

Retomando la enorme atracción que nuestros hijos sienten por los videojuegos, con los que pueden pasar horas sin levantar apenas la mirada de la pantalla, quizá podamos convertir este aparente problema en una oportunidad para el desarrollo de la creatividad.

Permíteme proponerte un ejercicio interesante como alternativa a la clásica reacción de reprimenda ¿Se te ha ocurrido la posibilidad de hacerle pensar a tu hijo o hija en cómo podría diseñar su propio videojuego? Si te parece que tu hijo pierde demasiadas horas con la maquinita, podríamos tratar de transformar esta actitud teóricamente pasiva en una actitud activa. Hazle meditar sobre cómo funciona su juego favorito. Sobre el diseño de los personajes y los gráficos. Sobre la animación de esos elementos. Sobre los datos necesarios para el juego. Sobre los argumentos de promoción, aquello que le atrajo para descargarlo. Aprovecha su enorme atracción por los juegos para despertar su interés sobre todos sus componentes. Quizá tengas en casa a un potencial profesional del diseño de videojuegos y no te hayas dado cuenta. Por si esto pudiera parecerte una frivolidad, cabe recordar que la industria de los videojuegos vende ya en la actualidad más que el cine y la música juntos. No en vano, muchas escuelas técnicas y universidades se han dado cuenta del hueco de mercado existente en la formación de futuros profesionales del ocio digital y los videojuegos, poniendo en marcha diversas ofertas de estudio especializadas.

Son ya múltiples los casos de niños de alrededor de 10 años que han diseñado sus propias aplicaciones en Estados Unidos. El propio Wall Street Journal, el prestigioso diario económico neoyorkino, se hacía eco de la invitación de Apple a niños de 13 años a su Conferencia Mundial de Desarrolladores, que se celebra anualmente en San Francisco. Aunque pueda resultar sorprendente, la irrupción de los smartphones, las tablets y otros dispositivos está fomentando que niños de edades cada vez más tempranas estén emprendiendo desde la infancia. Existen ya, por ejemplo, múltiples casos de niños que programan sus juegos en el sistema operativo iOS y que luego los comercializan a través de las tiendas de aplicaciones como la Appstore de Apple.

Si bien la invitación a la Conferencia de Apple se restringe para edades superiores a los 13 años, la revista digital Young Entrepeneur nos muestra ejemplos de niños desarrolladores aún más jóvenes. Es el caso de Maw Henry, que con 10 años de edad ha desarrollado una aplicación llamada MonkeyBerry donde los jugadores esquivan obstáculos para meter bayas en la boca de un mono. La vocación creadora de Maw vino cuando su padre le propuso crear su propio juego en lugar de pasar tanto tiempo con los juegos de otros. Dicho y hecho, se puso manos a la obra a dibujar cómo tendría que funcionar el juego y junto con su padre encontraron un programador para llevarlo a la práctica. Maw, que afirma querer diseñar nuevas aplicaciones, vende su juego en la Appstore a 0,99 $ y dona el 50% de sus ingresos a una organización benéfica.

Thomas Suárez empezó a desarrollar aplicaciones con 9 años y ya con 12 ha desarrollado un juego llamado Bustin Jieber, en el que los jugadores trastean con la cabeza de Justin Bieber. Capaz de programar en varios lenguajes de programación, aprendió a usar el kit de herramientas para el iphone de Apple. Viendo la iniciativa de su hijo, los padres no dudaron en pagar los 99 $ para poder publicar *apps* en la tienda de Apple. En su charla en las conferencias TedX, este pequeño creador explica que creó el juego porque en 2010 a mucha gente en clase no le gustaba Justin Bieber. En esta misma charla, Thomas afirma que los niños saben un poco más de tecnología que los profesores y se pregunta que si para jugar al fútbol te meterías en un equipo o para tocar el violín cogerías clases de música ¿dónde podrías ir si quisieras diseñar un juego? Quizá por ello comparte su conocimiento en su Club de Apps del cole, en el que enseña a programar a otros niños.

Incluso con 7 años Connor Zamary creó su juego Toaster Pop, tal y como informa la revista CNET. En su juego para iPhone, el jugador pone a prueba sus habilidades en el manejo de las tostadas que obtiene de la tostadora pop. No sólo él, también su hermana de 6 años está ya planificando su próximo juego a diseñar con el kit de desarrollo de Apple.

Otro caso destacado es el de Robert Nay, que con 14 años creó el conocidísimo Bubble Ball, que en el verano de 2013 llevaba ya más de 16 millones de descargas y que llegó a ser la aplicación gratuita más descargada en la Appstore.

El Método OREOH nace de nuestro convencimiento sobre la importancia de enseñar desde edades tempranas que existen múltiples caminos posibles para el desarrollo profesional, más allá de las alternativas de futuro que los niños pueden deducir de lo que ven en su entorno más cercano. Cuando sean más mayores, tendrán que ser plenamente conocedores de lo que significan términos como innovar o emprender como paso previo a ponerlos en práctica. Lamentablemente, el conocimiento de dichos términos les llega a muchos mayores cuando ya es quizá demasiado tarde. Prueba a preguntar a algún conocido qué es I+D+I y verás cómo no estoy exagerando.

En InspiraKIDS nos hemos propuesto despertar el espíritu emprendedor en los niños desde edades tempranas. Quizá sea más adelante cuando podrán afrontar en la vida real el desarrollo de sus proyectos propios, pero los 10 años es una edad ideal para descubrir nuevas alternativas de vida y para meditar sobre nuevas maneras de enfocar las cosas.

Una vez que el niño comprende que, fruto de su esfuerzo creativo, puede encontrar nuevos caminos para ofrecer soluciones a las necesidades sobre las que enfoca su atención, es el momento para explicarle en profundidad en qué consiste emprender, unos de esos "otros caminos" para su trayectoria profesional futura.

Es sorprendente comprobar con qué naturalidad los niños y niñas de alrededor de 10 años pueden imaginar ideas de negocio cuando les pedimos que inventen algo relacionado con sus virtudes y hobbies. A buen seguro con más facilidad que muchos mayores, que se sienten anclados a su trayectoria profesional más reciente y que ven casi como una utopía irrealizable la posibilidad de iniciar una aventura empresarial por su cuenta.

El objetivo que perseguimos no es el de crear niños empresarios sino el de incubar el germen emprendedor para el futuro. Según la Real Academia de la Lengua Española, un germen es el esbozo que da principio al desarrollo de un ser vivo. Aspiramos a contribuir en la creación de espíritus emprendedores, personas que se planteen que existen distintas maneras a las convencionales para afrontar las situaciones de la vida y que, cuando llegue el momento, se sientan preparadas y motivadas para emprender en cualquiera de las diversas facetas que dicho término ofrece.

Personas decididas a mejorar la sociedad en la que viven en sus pequeños y diversos ámbitos de actuación, que en virtuoso sumatorio de esfuerzos individuales contribuyan al cambio y la evolución global, bien desde el emprendimiento empresarial o social.

Afirmaciones como que emprender es una cuestión de actitud y que ser emprendedor no es sólo montar una empresa sino acometer un empeño, una obra, tomar la iniciativa, ser creativo y llevar tu creatividad a la práctica con un proyecto propio tienen su más fiel ejemplo en la historia de Paula, una niña de 12 años, que recibe tratamiento oncológico en el Hospital Sant Joan de Déu de Barcelona.

Paula, tras escuchar en el coche con su padre la canción Stronger, de Kelly Clarkson, y basándose en una iniciativa realizada en Estados Unidos por niños enfermos de cáncer, tuvo la idea de grabar un videoclip, con la ayuda del personal del hospital, de los niños y niñas ingresados y de sus familias, para concienciar al mundo de que seguir investigando sobre el cáncer es imprescindible incluso en estos momentos de crisis.

A raíz del empeño de esta emprendedora social de 12 años, la unión de voluntades impulsada por Paula logró que el cantante Macaco cediera una de sus canciones para dar con un precioso vídeo musical, que ha alcanzado una importante repercusión en España. Se puede ser, por tanto, tal y como nos demuestra Paula, emprendedor tanto en el ámbito empresarial como en el social.

Javier Fernández-Han demuestra también cómo es posible comenzar a tener ideas emprendedoras ya desde los 9 años y hacerlas realidad con tan solo 17. El caso de este joven texano, de padre mejicano y madre china, es destacado por el diario digital OKespañol, tras inventar un sistema que utiliza algas marinas para tratar aguas residuales y capturar metano que puede ser empleado como combustible. Javier comenzó a trabajar en sus ideas desde los 9 años de edad y como resultado obtuvo el reconocimiento de la prestigiosa revista Forbes que lo nombró entre los 30 personajes más prometedores menores de 30 años. También ha sido considerado por segundo año consecutivo uno de los inventores más importantes de Estados Unidos por la revista "Popular Science". A los 14 años de edad, Javier fundó una organización a la que nombró "Inventors without Borders" (Inventores sin Fronteras), cuya misión es "brindar soluciones innovadoras a los problemas del mundo, en áreas rurales y en extrema pobreza". "Me gusta inventar, así que lo aplico tratando de ayudar a los pobres con mis inventos", declaró el joven texano, en una entrevista publicada en el portal YouTube.

Ejemplos como éste, por más que llamativos, quizá puedan hacernos pensar que el emprendimiento desde la infancia es un coto cerrado para niños superdotados. Muy al contrario, nuestros cursos del Método OREOH nos han permitido comprobar que los niños no sólo gozan en general de una creatividad sin límites, sino que son perfectamente capaces de generar ideas innovadoras plenamente aplicables en la realidad.

El verano de 2012 era el momento señalado para las primeras pruebas reales del Método OREOH. Tras varios meses de documentarnos, preparar contenidos, adaptarlos, grabar vídeos… llegó el momento más esperado. El de impartir a los niños el curso y comprobar sus reacciones.

Las primeras sensaciones no pudieron ser mejores. Los primeros vídeos, dedicados a la inteligencia emocional, captaban su total atención. Los dibujos de Kukuxumusu hacían esbozar sus sonrisas cada vez que salían a escena.

Incluso después del vídeo del Optimismo algunos de los alumnos fueron a jugar un partidillo y uno de ellos gritaba al resto ¡Podemos!, animando a los componentes de su equipo. Parecía que la charla había causado el efecto deseado.

Nuestra primera conclusión fue que los temas que abordamos les interesaban enormemente a los niños y niñas. Los recibían con atención y participaban activamente en las actividades posteriores al vídeo, demostrando que habían comprendido e interiorizado los temas tratados. El capítulo de la importancia de las relaciones les hacía también reflexionar, tanto o más que a los mayores, aunque con mucho más tiempo por delante para desarrollarlo. Incluso en el quizá menos gratificante vídeo sobre la importancia del esfuerzo no perdieron un ápice de interés y manifestaron que les había gustado mucho lo que habían visto.

El último día es cuando pusimos a prueba sus dotes creativas y emprendedoras. Y una vez más, nos quedamos encantados de comprobar que su imaginación e ingenio no tenían límites. Jesús, de 12 años, que durante las charlas sobre inteligencia emocional se había mostrado atento pero más bien callado, encontró en el proyecto de emprendimiento su punto de eclosión. *Platanol* fue su propuesta de negocio, que acompañó de diversas ilustraciones, con la intención de poner en marcha un negocio de instrumentos electrónicos que hiciera la competencia a Apple.

El benjamín de la clase, con apenas 9 años, escribió un folio entero cuando se le pidió que detallara su posible idea de negocio. Cuando nuestra psicóloga Alicia le preguntó si desde su silla podía explicarnos a grandes rasgos su idea, Diego solicitó salir a explicarlo a la pizarra ya que eran bastantes las cosas por relatar. Así es como nos contó su proyecto *Diegolandia*, un proyecto comercial y de ocio que combinaba en un mismo espacio los deportes y los videojuegos, en el que los niños y niñas que hicieran una compra mínima tendrían derecho a las golosinas gratis. Esta idea, que puede parecer simplemente la bonita genialidad de un niño, es en sí misma un concepto innovador perfectamente aplicable a la realidad, que respondería a las necesidades tal y como las perciben los potenciales consumidores de ese segmento de edad, y que surge de la reflexión de un niño de 9 años durante un breve espacio de tiempo.

Tras un largo periplo de experiencias en colegios, hemos podido comprobar que los niños tienen una visión muy especial de los negocios, evidenciando que muchos de ellos desatienden el segmento infantil. Por ejemplo, nada tendría que ver el concepto de una clínica pediátrica desde el punto de vista de un niño. Lejos de un frío y despersonalizado local, ellos se lo imaginaban lleno de colores y juegos, con recepcionistas disfrazados y salas de juegos más que de espera. También nos ha llamado la atención cómo muchos grupos de trabajo de nuestro curso incorporan la solidaridad y el reciclaje como parte de su filosofía "empresarial".

Para iniciar a un niño o niña en el concepto del emprendimiento empresarial comenzamos por explicarle que emprender es desarrollar sus propias ideas para ofrecer soluciones a necesidades de otros. Emprender es, a diferencia de trabajar para terceros, montar su propio trabajo, su propia empresa, convertirse en su propio jefe. El emprendimiento nos brinda la oportunidad de formar una empresa alrededor de lo que nos gusta hacer.

Un negocio puede girar alrededor de cualquier cosa. Pasear perros, vender refrescos, diseñar videojuegos o atender a personas.

El emprendedor es el que toma las decisiones: ¿Qué vender? ¿Cómo venderlo? ¿A qué precio hacerlo? Tomar sus propias decisiones implica que a veces acertará y a veces no. El error forma parte del juego. Por lo tanto, el emprendedor no puede tener miedo a probar nuevos productos y nuevas ideas. Si acierta, le va bien. Si no, prueba otras cosas. Tiene que saber siempre, en cada momento, lo que opina el cliente de su oferta y tendrá que que cambiar constantemente lo que ofrece para que le guste al cliente a lo largo del tiempo. Por tanto, emprendedor y cambio son términos consustanciales.

El emprendedor no tiene un sueldo fijo. Ganará más o menos dependiendo de cómo funcionen sus productos y de cuánto tiempo dedique al trabajo. Habrá meses buenos y otros no tan buenos. Tampoco tiene un horario fijo. El emprendedor tiene que enamorarse de su propio proyecto y dedicarle su atención durante casi todo el día.

Las matemáticas son inherentes a la función de emprender. El emprendedor tiene que pasarse el día haciendo cálculos: cuánto vendo, cuánto me cuesta lo que vendo, cuánto gano, ¿gano o pierdo respecto del año anterior?. ¿Gano o pierdo si subo los precios? ¿Tengo dinero suficiente para continuar mi actividad? También tiene que ser capaz de reunir los fondos suficientes para poner en marcha y mantener su negocio. A veces estos fondos procederán de un préstamo de familiares o amigos, otras veces de un banco.

El que fuera director ejecutivo y es actualmente presidente de la empresa Google, Eric Schmidt, ofrecía en una ceremonia de graduación para los alumnos de la Boston University unos consejos para jóvenes emprendedores que me parece imprescindible destacar:

- No te limites a seguir a los demás. Aporta tu propia visión e ideas. Todos tenemos la oportunidad de hacer una contribución original. No es obligatorio ser trabajador por cuenta ajena o ingeniero. Debes tratar de dejar huella creando algo e innovando.

- No dejes que la tecnología te gobierne. Tómate al menos una hora al día en apagar el ordenador. Ten una conversación real, con los amigos que te hacen pensar, con la familia que te hace reír. La vida no se vive en el brillo de un monitor. La vida no es un mero recuento de amigos.

- Encuentra una manera de decir Sí a las cosas nuevas. Di sí a conocer un nuevo país, a conocer nuevos amigos, a aprender un nuevo idioma, un nuevo deporte. Sal de tu zona de confort, haz algo nuevo, conoce a alguien y haz diferencias en tu vida y en la vida de otros.

- No tengas miedo al fracaso. Y tampoco al éxito.

- Ignora a los negativos contigo o con otros. Para aquellos que dicen que estás pensando demasiado en grande, sé listo y no escuches.

Una serie de consejos del representante de una de las empresas más innovadoras del mundo que, sin duda, merecen ser tomados muy en consideración.

En el Método OREOH aspiramos a que el conocimiento temprano del emprendimiento pueda convertir la motivación por emprender en una de las alternativas vitales que el niño contemple para su futuro. Para descubrirles en qué consiste emprender ponemos en práctica un sencillo ejercicio. Les pedimos que escriban en un papel lo que más les gusta hacer y que piensen en una idea de negocio alrededor de eso que les apasiona. Les pedimos que reflexionen sobre qué necesidad pretenden satisfacer, sobre el producto o servicio, sobre cómo diferenciarse.

Plantearse metas, analizar a la competencia o definir cómo llegar a su público son sólo algunos de los elementos necesarios para comprender lo que haría falta para desarrollar su propia idea de negocio. Lo creas o no, les resulta bastante fácil manejar estos conceptos.

Para lograr incubar el espíritu emprendedor en nuestra sociedad tenemos que empezar por reconocer socialmente la figura del emprendedor. Proponer nuevas soluciones a necesidades existentes, favorecer la creación de puestos de trabajo y arriesgar recursos propios en el desarrollo de un proyecto personal son argumentos más que suficientes para que el emprendedor goce de un prestigio que le ha venido siendo negado. Reconocer el fracaso empresarial no sólo como parte de la normalidad sino incluso como acontecimiento necesario para la evolución profesional y empresarial es otro de los requisitos imprescindibles para favorecer la implantación de una firme cultura del emprendimiento.

Lo primero que podemos hacer como padres si queremos estimular el carácter emprendedor de nuestros hijos es predicar con el ejemplo. Y para ello no existe la excusa de que nuestro trabajo por cuenta ajena nos impide emprender. Cualquiera puede desarrollar su faceta emprendedora, bien sea en su vertiente empresarial o social. Proponer mejoras, nuevos proyectos o nuevas maneras de hacer las cosas allí donde trabajamos es una posibilidad al alcance de cualquiera. Ayudar a los demás en nuestro tiempo libre o contribuir al desarrollo de la comunidad en la que vivimos es otra magnífica forma de emprender. Nuestros hijos querrán emular cualquier iniciativa creativa, innovadora o emprendedora que afrontemos y se sentirán muy orgullosos de ello.

Otra de las alternativas a nuestro alcance es la de fomentar que nuestros hijos se relacionen con el exterior, conozcan distintas personas, culturas y maneras de pensar, desarrollen el gusto por lo diverso y lo diferente. Hagamos meditar a nuestros hijos sobre lo que nos rodea y sobre cómo podrían mejorarlo. Inculquemos en ellos la cultura del cambio. Incentivemos y celebremos sus iniciativas creativas y favorezcamos la puesta en práctica de sus proyectos personales.

Espero a estas alturas haberte convencido de que puedes convertirte en una fuente real de inspiración para tus hijos. Te hemos brindado herramientas y argumentos y los hemos simplificado hasta el punto de sintetizarlos en una sola palabra: OREOH.

Es hora de reinventarte como padre, madre o educador para fomentar el optimismo y el espíritu emprendedor en tus pequeños. Seguro que en cierta medida ya lo estabas haciendo. Pero quizá te habremos aportado nuevos puntos de vista y posiblemente te hayamos reforzado en alguna de tus convicciones.

Incidir en la importancia del optimismo y la imaginación, reforzar su capacidad para ser un líder de relaciones, convencerle de que sin esfuerzo no hay éxito, ayudarle a desarrollar su talento y establecer la creatividad, la innovación y el carácter emprendedor como competencias fundamentales para su desarrollo es la combinación que te proponemos para contribuir a que tus hijos alcancen mayores cotas de éxito y felicidad conforme vayan creciendo.

Si queremos producir el cambio que queremos ver en el mundo, tenemos que empezar por nuestra órbita individual y familiar. Empecemos desde casa esta sencilla pero preciosa revolución educativa. Estaremos cumpliendo una obligación moral con nuestros pequeños y nos sentiremos más legitimados para poder así exigírsela también al sistema educativo.

Tienes en tus manos un método sencillo y efectivo para inspirar a tus hijos. Ya sólo te queda dar el siguiente paso y ponerlo decididamente en marcha.

www.ingramcontent.com/pod-product-compliance
Lightning Source LLC
LaVergne TN
LVHW010651200726
843507LV00011B/1825